Christoph Quarch

Krisha Kops

Nicolas Dierks

Kirstine Fratz

Fritz Lietsch

OEKONOMIE NEU DENKEN

Impulse
für eine zukunftsfähige
Wirtschaft

legenda Q

Christoph Quarch · Krisha Kops
Nicolas Dierks · Kirstine Fratz · Fritz Lietsch

OEKO NOMIE NEU DENK EN

Impulse für
eine zukunftsfähige
Wirtschaft

legenda Q

IMPRESSUM

Christoph Quarch, Krisha Kops, Nicolas Dierks, Kirstine Fratz, Fritz Lietsch

Oekonomie neu denken
Impulse für eine zukunftsfähige Wirtschaft

Herausgegeben von Susanne Hensel-Börner im Auftrag der Akademie 3

1. Auflage 2023

Copyright © 2023 legenda Q,
ein Imprint der Kraterleuchten GmbH, Gartenstraße 3, 54550 Daun

Verlagsleitung: Sven Nieder

Einbandgestaltung: Kerstin Fiebig
Innensatz: Kerstin Fiebig
Lektorat: Paul Kaltefleiter

Abbildung S. 46: Wikimedia [https://commons.wikimedia.org/wiki/File:Krishna_
playing_the_flute_to_a_dancing_Radha,_two_holy_cows_Wellcome_V0045087.jpg]

Hergestellt in der Europäischen Union, Bookpress, PL

ISBN 978-3-948206-12-3

www.legenda-q.de

OEKONOMIE NEU DENKEN

Zum Geleit

Susanne Hensel-Börner

Welt und Wirtschaft sind im Wandel. Sowohl der Ukrainekrieg als auch die Covidkrise haben zu einer Neujustierung des Verhältnisses von Politik und Markt geführt. Aber vielleicht ist Wandel gar nicht mehr der passende Begriff. Macht man sich noch den Klimawandel und das globale Artensterben bewusst, müsste es eher lauten: Welt und Wirtschaft sind aus den Fugen geraten. Könnte es daher sein, dass wir mit unserem ökonomischen Mindset den Herausforderungen unserer Zeit nicht mehr gewachsen sind? So oder so: Es lohnt sich, die Wirtschaft neu oder zumindest einmal anders zu denken.

Hier kommen meiner Ansicht nach Hochschulen ins Spiel und tragen eine besondere Verantwortung. Mit unserer Lehre und Forschung prägen wir unsere Studierenden und bilden die nächsten Generationen und damit die künftigen Entscheidungsträgerinnen und -träger in Unternehmen und Organisationen aus. Aus dieser Verantwortung heraus dürfen und sollen Hochschulen nicht der berühmte Elfenbeinturm sein, in dem Lehrende und Lernende in ihrer eigenen Welt leben und sich nicht um die Gesellschaft oder das Tagesgeschäft kümmern.

Die HSBA Hamburg School of Business Administration ist eine duale Hochschule. Über 300 Kooperationsunternehmen sind der zweite Lernort unserer Studierenden. Es gehört daher zu unserem Selbstverständnis – insbesondere als Business School –, stets an den Belangen der Wirtschaft und am Puls der Zeit zu sein. Es ist also unsere Aufgabe, auch einmal gewohntes Terrain zu verlassen, die Türen zu öffnen und für Denkanstöße und Impulse in beide Richtungen zu sorgen.

Ein sehr altes und traditionelles Format für solche Denkanstöße und Perspektivwechsel an Hochschulen sind Ringvorlesungen, bei denen mehrere Referierende oder Dozierende ein Thema aus unterschiedlichen Fachrichtungen beleuchten. Die hier vorliegende Veröffentlichung bündelt die Vorträge der Ringvorlesung »Wirtschaft neu denken«, die im Sommersemester 2022 zur Begegnung von Wirtschaft und Philosophie in Kooperation mit der Akademie 3 Stiftung Neue Platonische Akademie stattgefunden hat. Alle Beiträge der Vorlesungsreihe haben bei aller philosophischen Theorie und Abstraktion immer wieder die Unternehmensperspektive und das konkrete Handeln von Akteurinnen und Akteuren sowie Entscheiderinnen und Entscheidern im Blick. Im

Fokus stehen dabei neben Leitmetaphern und Schlüsselkonzepten der Ökonomie auch ihre ethischen und kulturellen Implikationen.

Eine besondere Erfahrung für mich war, dass durch diesen – zugegebenermaßen auch ungewohnten – Blickwinkel weder der moralische Zeigefinger erhoben wird noch alle Prinzipien grundsätzlich infrage gestellt oder gar abgelehnt werden müssen. Ganz im Gegenteil. Andere oder neue Leitmetaphern für unser Handeln liefern die Chance, festgefahrene oder vielleicht mittlerweile negative Prinzipien wieder neu zu justieren. So rückt das Wachstumsprinzip wieder in ein anderes Licht, wenn man einen blühenden und kultivierten Garten als Leitmetapher annimmt. Oder wer sagt denn, dass Zeitgeist nur das unreflektierte Anpassen von Trends ist. Man kann im Zeitgeist auch eine mächtige und kreative Kraft für Veränderung sehen.

Mit der Digitalisierung hat unsere Wirtschaft noch einen ganz anderen Spin bekommen. Die uneingeschränkte Begeisterung, dadurch würde alles einfacher, schneller, sogar just in time funktionieren, ist längst verflogen. Damit sollen keinesfalls die Chancen der Digitalisierung – insbesondere für eine nachhaltige Entwicklung – geschmälert werden. Dennoch gilt es im digitalen Zeitalter, sich der Diskussion über eine digitale Ethik zu stellen. Vielleicht denken Sie jetzt erst einmal an das Thema »Datenschutz«. Ein philosophischer Blick darauf schaut aber noch viel tiefer in die menschliche Natur und setzt den Gedanken unserer Verbundenheit ganz neu an – als einen Geist der Verbundenheit, in dem Markt und Moralität nicht länger Gegensätze sind.

Dies setzt allerdings voraus, auch über unsere Freiheitsprinzipien nachzudenken. Gerade in den Pandemiejahren 2020 und 2021 waren politische und öffentliche Diskussio

nen häufig von Einschränkungen der Freiheit geprägt. Maßgebend war immer das *Wieviel* an Freiheit. Viel zu selten
stellen wir die Frage, *welche* Freiheit wir für das Wirtschaften – oder ganz generell in diesem Jahrhundert für unser
Miteinander – benötigen. Und da Freiheit zu den zentralen
Themen der Philosophie zählt, bietet es sich an, einmal zu
fragen, welche Freiheitskonzepte die Wirtschaft des 21.
Jahrhunderts braucht.

Diese Begegnungen von Philosophie und Wirtschaft haben spannende Gesprächsrunden ausgelöst, teilweise bis
spät in die Abende hinein. Interessanterweise haben mich
auch viele Menschen kontaktiert, die gar nicht dabei waren.
Allein der Veranstaltungshinweis mit den kurzen Einla-
dungstexten hat nicht nur Aufmerksamkeit erregt, sondern
das Interesse an den Vorträgen und Inhalten geweckt. Daher freue ich mich sehr, dass wir mit dieser Publikation allen
Beiträgen und Denkanstößen eine noch weitere Verbrei-
tung ermöglichen und den Diskurs weiterführen können.

Vielleicht müssen wir nicht gleich damit beginnen, alles
ganz neu zu denken. Ein erster Schritt ist meines Erachtens,
Bekanntes und Gewohntes einfach einmal aus einem neuen
Blickwinkel oder mit einer anderen Metapher zu beleuch-
ten. Ich bin davon überzeugt, dass daraus allein schon ein
Mindset entsteht, mit dem wir vom Krisenmodus in ein mu-
tiges und zuversichtliches Gestalten kommen können.
Wenn nicht jetzt, wann dann?

COMPUTER ODER GARTEN?

Welche Leitmetapher braucht das Wirtschaften der Zukunft?

Christoph Quarch

Ermunterung

Echo des Himmels! heiliges Herz! warum,
Warum verstummst du unter den Lebenden,
Schläfst, freies! von den Götterlosen
Ewig hinab in die Nacht verwiesen?
Wacht denn, wie vormals, nimmer des Aethers Licht?
Und blüht die alte Mutter, die Erde nicht?
Und übt der Geist nicht da und dort, nicht
Lächelnd die Liebe das Recht noch immer?

Nur du nicht mehr! doch mahnen die Himmlischen,
Und stillebildend weht, wie ein kahl Gefild,
Der Othem der Natur dich an, der
Alleserheiternde, seelenvolle.
O Hoffnung! bald, bald singen die Haine nicht
Des Lebens Lob allein, denn es ist die Zeit,
Daß aus der Menschen Munde sie, die
Schönere Seele, sich neuverkündet,
Dann liebender im Bunde mit Sterblichen
Das Element sich bildet, und dann erst reich,
Bei frommer Kinder Dank, der Erde
Brust, die unendliche, sich entfaltet
Und unsre Tage wieder, wie Blumen, sind,
Wo sie, des Himmels Sonne, sich ausgeteilt
Im stillen Wechsel sieht und wieder
Froh in den Frohen das Licht sich findet,
Und er, der sprachlos waltet und unbekannt
Zukünftiges bereitet, der Gott, der Geist
Im Menschenwort, am schönen Tage
Kommenden Jahren, wie einst, sich ausspricht.

[Friedrich Hölderlin][1]

Einleitung

Im Jahre 1962 veröffentlichte der US-amerikanische Physiker und Wissenschaftsphilosoph Thomas Kuhn (1922–1996) ein Buch, das ihn zu einem der führenden Wissenschaftstheoretiker des 20. Jahrhunderts machte: *Die Struktur wissenschaftlicher Revolutionen.* Kuhn beschrieb darin die

Wissenschaftsgeschichte als eine Folge unterschiedlicher Paradigmen, die jeweils für eine gewisse Zeitspanne in Geltung stehen, bevor sie durch andere Paradigmen ersetzt werden. Unter Paradigma wollte Kuhn Folgendes verstanden wissen: »Die ganze Konstellation von Meinungen, Werten, Methoden usw., die von den Mitgliedern einer gegebenen Gemeinschaft geteilt werden.«[2]

»Mit einem Paradigma«, so Kuhn weiter, »erwirbt die Scientific Community ein Kriterium für die Wahl von Problemen, von welchen – solange das Paradigma nicht in Frage gestellt wird – vermutet werden kann, dass sie eine Lösung haben. In weitem Maße sind dies die einzigen Probleme, welche die Gemeinschaft als wissenschaftlich anerkennt oder welche in Angriff zu nehmen sie ihre Mitglieder ermutigt.«[3]

Wissenschaftliche Paradigmen sind demnach so etwas wie geistige Koordinatensysteme, die es einerseits erlauben, bestimmte Phänomene zu verorten und zu bestimmen, und andererseits definieren, welche Phänomene überhaupt von der Wissenschaft in Betracht gezogen werden. Ein nachgerade klassisches Beispiel für ein wissenschaftliches Paradigma ist das geozentrische Weltbild, das über Jahrhunderte hinweg die kosmologische Forschung präfigurierte und definierte, bis es unter Einfluss der bahnbrechenden Entdeckungen von Galileo Galilei und Nikolaus Kopernikus durch das heliozentrische Weltbild ersetzt wurde.

Diesen Vorgang einer revolutionären Neuerung bezeichnete Kuhn als einen Paradigmenwechsel. Und es gelang ihm zu zeigen, dass Paradigmenwechsel immer dann auftreten, wenn eine bewährte Problemlösungsstrategie nicht mehr funktioniert, weil sich neue Beobachtungen nicht mehr in das bestehende Paradigma integrieren lassen und sich zugleich abzeichnet, dass ein anderes »Koordinatensystem«

die neuen Beobachtungen besser erklärt und überzeugendere Problemlösungen anbietet. Wo dies geschieht, so Kuhn, komme es zunächst innerhalb der *Scientific Community* zu Verwerfungen. Die Wissenschaftsgeschichte ist voller Beispiele dafür, dass den Befürwortern einer neuen Denkweise fast immer ein massiver Widerstand seitens der Sachwalter des alten Paradigmas begegnet, »deren produktive Laufbahn sie einer älteren Tradition normaler Wissenschaft verpflichtet hat«[4]. In einem späteren, verschärften Stadium komme es gar zu Glaubenskämpfen, in denen Abweichler des in Geltung stehenden Paradigmas als unwissenschaftliche Häretiker an den Pranger gestellt und durch Exkommunizierungsversuche mundtot gemacht werden sollen. All das ist gut bezeugt und von Thomas Kuhn überzeugend dargestellt worden.

Hier geht es nun aber nicht darum, tiefer in die Geschichte und Struktur wissenschaftlicher Revolutionen einzusteigen, sondern Kuhns Theorie der wissenschaftlichen Revolutionen bzw. Paradigmenwechsel auf die Welt der Wirtschaft anzuwenden. Dabei gilt es, eine dreifache These zu bedenken:

1. Es gibt auch ökonomische Paradigmen: Koordinatensysteme, die unser Wirtschaften präfigurieren und definieren, was *wirtschaftlich* ist.

2. Es gibt auch eine Geschichte wirtschaftlicher Paradigmenwechsel.

3. Wir stehen unmittelbar vor einem ökonomischen Paradigmenwechsel.

Bevor wir uns den ökonomischen Paradigmen zuwenden, möchte ich erläutern, warum ich denke, dass wir vor einem ökonomischen Paradigmenwechsel stehen.

Das dominante ökonomische Paradigma der Gegenwart ist der Neoliberalismus. Die vom Neoliberalismus vorgeschlagene

Problemlösungsstrategie für Wohlstandsgewinn, Freiheit und gerechte Güterverteilung der Weltgemeinschaft lässt sich auf vier Hauptdoktrinen zusammendampfen: Globale Wohlstandsvermehrung durch grenzenloses Wachstum, Gerechte Güterverteilung durch Expansion zu einem globalen Markt, Freiheit der Einzelnen durch uneingeschränkten Konsum, Freiheit der Wirtschaft durch Deregulierung der Märkte. Im Jahre 2022 erleben wir das Scheitern aller vier neoliberalen Versprechungen: Die Klimakrise führt uns die schon seit dem Bericht des Club of Rome aus dem Jahre 1972 bekannten *Grenzen des Wachstums* vor Augen. Die Covidkrise hat die Fragilität globaler Lieferketten offengelegt und die infolge des Ukrainekrieges gestiegenen Transportkosten machen Importe aus Übersee zunehmend unattraktiv. Ferner führt der Ukrainekrieg vor Augen, dass politische Freiheit weit mehr ist als die Freiheit von Konsum und Handel. Kurz: Sowohl die Covidkrise als auch der Ukrainekrieg haben die Illusion zertrümmert, ein freier globaler Markt könne Politik und Diplomatie ersetzen. Stattdessen werden wir Zeugen dessen, dass der traditionelle Primat des Politischen über die Wirtschaft unversehens zurückkehrt. So wird zur Option, was neoliberale Ökonomen oder Politiker für undenkbar hielten: Wohlstandsverzicht aus politischen oder moralischen Gründen. Und an die Stelle der Forderung globaler Expansion der Märkte tritt der Ruf nach einem autarken europäischen Wirtschaftsraum.

So gesehen erwacht die Welt im Jahr 2022 aus ihrer neoliberalen Trance und erlebt ein historisches Momentum: Sicherheitspolitische Erwägungen legen nahe, sich aus Abhängigkeiten von dem Westen feindlich gesonnenen Staaten wie Russland und vor allem der VR China zu lösen. Ökonomische Erwägungen lassen es geraten erscheinen,

Schlüsselindustrien und Produktionsstätten zurück in den europäischen Wirtschaftsraum zu legen, um Lieferketten zu verkürzen. Ökologische Erwägungen nötigen dazu, sich von fossilen Brennstoffen zu lösen, um durch regenerierbare Energie zunehmend autark zu werden. Alles deutet darauf hin, dass die Zeit des neoliberalen Paradigmas einschließlich seiner Verheißungen von Freiheit, Wohlstand und Sicherheit abgelaufen ist. Vor diesem Hintergrund scheint es nicht ganz abwegig, darüber nachzusinnen, ob sich derzeit ein ökonomischer Paradigmenwechsel zuträgt.

Eine der wichtigen Erkenntnisse von Thomas Kuhn bestand darin, dass es allerdings nur zu einem Paradigmenwechsel kommt, wenn sich während des Niedergangs eines bestehenden Paradigmas bereits ein neues Denken abzeichnet, dem das Potenzial eignet, akute Probleme besser zu lösen als das alte. Wenn wir über einen möglichen Paradigmenwechsel räsonieren, müssen wir also die Frage aufwerfen, ob ein solches neues Paradigma bereits erkennbar ist – und wenn ja: Wie sieht es aus und was ist an ihm charakteristisch?

Im Folgenden möchte ich auf diese Fragen einen Antwortvorschlag wagen. Dafür wähle ich eine geschichtsphilosophische Strategie, die auf den Philosophen Georg Wilhelm Friedrich Hegel (1770–1831) zurückgeht. Rein formal besteht demnach Grund zu der Annahme, ein neues ökonomisches Paradigma könnte beschrieben werden als die Synthese zweier vorangegangener ökonomischer Paradigmen, die sich über einen langen Zeitraum antithetisch gegenüberstehen.

Tatsächlich lassen sich in der europäischen Kulturgeschichte zwei solche, einander opponierende ökonomische Paradigmen identifizieren. Ihr Unterschied wird erkennbar, wenn man ihre Denkweise zu von ihnen selbst verwendeten ökonomischen Leitmetaphern verdichtet: Auf der einen

Seite haben wir in Antike und Mittelalter für das ältere bzw. älteste ökonomische Paradigma die Leitmetapher des *Hauses,* auf der anderen Seite die in der frühen Neuzeit entwickelte und bis heute mit leichten Modifikationen weiterhin gültige Leitmetapher der Maschine bzw. des *Apparates.* Dabei lassen sich beim neuzeitlichen Paradigma des Apparates drei geschichtlich aufeinanderfolgende Spielarten unterscheiden: das Schiff, die mechanische Maschine, der Computer. Die These, für die ich nun argumentieren möchte, lautet: Wir haben jetzt und hier die Chance, ein neues ökonomisches Paradigma mit einer neuen Leitmetapher zu entwickeln, das die vorhergehenden Paradigmen auf eine zukunftsfähige Weise synthetisiert. Die Leitmetapher dieser neuen, aus der Synthese der früheren Paradigmen hervorgehenden Ökonomie wird der *Garten* sein.

Zunächst ist es nun angezeigt, die früheren Paradigmen und ihre Leitmetaphern anschauen, bevor wir uns der Vision einer künftigen *Horticultural Economy* zuwenden.

Teil 1: Haus

Die älteste Leitmetapher des Wirtschaftens hat der Ökonomie ihren Namen verliehen: das Haus, griechisch: οἶκος (*oíkos*). Ein Unternehmen im antiken Griechenland war nichts anderes als ein *oíkos.* Was genau ist aber ein *oíkos?* Ursprünglich bedeutet *oíkos* dasjenige, was wir heute *Hausstand* nennen würden, also nicht nur ein Gebäude, sondern auch dessen Bewohner, deren Anwesen und die gesamte Organisation, die sie sich geben. Man darf dabei an die auch im Deutschen geläufige, jedoch zunehmend vergessene Verwendungsweise von *Haus* denken, die in Formulierungen wie »das

Haus Habsburg« durchklingt. Passend dazu können wir beim antiken griechischen *oíkos* an ein familiengeführtes mittelständisches Unternehmen denken – meistens eine Landwirtschaft oder ein Handwerksbetrieb. In dieser Funktion erschien den griechischen Denkern wie Platon (428–348 v. Chr.) oder Aristoteles (384–322 v. Chr.) der *oíkos* als die eigentliche Keimzelle einer Polis: des Gemeinwesens.

Die Zuständigkeit für den *oíkos* oblag im Gemeinwesen der Athener der Hausfrau, die sich üblicherweise um die *oikonomía* kümmerte, während der Hausherr seinen politischen Pflichten in der Polis nachging. Dabei wurde sie zumeist von einem angestellten Wirtschaftsleiter unterstützt. Gewiss war die antike *oikonomía* etwas anderes als dasjenige, was wir heute unter diesem Begriff verstehen. Was wir uns darunter vorstellen dürfen, verrät das Wort selbst. Es setzt sich zusammen aus den Wortteilen *oíkos* (Haus) und *nómos* (Ordnung). Die *oikonomía* – griechisch gedacht – ist mithin ursprünglich nichts anderes als die Fertigkeit, ein Haus zu ordnen, zu organisieren und zu führen. Diese Fertigkeit umfasste, wenn wir den Ausführungen des Aristoteles Glauben schenken, im Wesentlichen drei Bereiche: die Personalführung, die Organisation der Produktion, die Organisation von Einkäufen und Verkäufen.

Bemerkenswert daran ist, was es Aristoteles zufolge bei der antiken *oikonomía* zu beachten galt. Damit begeben wir uns auf das Feld der Philosophie, denn sie ist es, die nach Ansicht des großen Denkers ermitteln und bestimmen muss, was genau das Ziel der *oikonomía* ist: woran Maß nehmen muss, wer in der Verantwortung für einen *oíkos* steht; nach welchen Kriterien sich das Wirtschaften bemessen lassen muss. Auf all diese Fragen gibt Aristoteles im 1. Buch seiner Abhandlung über die *Politik* valide Antworten, die sich in der Summe zu einem ökonomischen Paradigma fügen, dem man den Namen *Ökonomik* gegeben hat.

Die Grundidee der Ökonomik liegt darin, dass nur ein solches Wirtschaften *gut* genannt zu werden verdient, das der Maßgabe des natürlichen Lebens folgt.[5] Naturgemäß ist demzufolge eine *oikonomía* nur dann, wenn sie dem naturgemäßen Sinn eines *oíkos* genügt. Was aber ist der Sinn eines *oíkos* – eines wirtschaftenden Betriebs? Aristoteles definiert den *oíkos* als einen Raum, in dem Menschen ein gutes Leben führen können.[6] Und was ist seiner Ansicht nach ein *gutes Leben*? Zweierlei: Ein gutes Leben ist ein Leben in Freiheit und Selbstbestimmung. Und ein gutes Leben ist ein Leben im Einklang mit der Natur.[7] Als Sinn und Ziel der *oikonomía* ergibt sich daraus die Versorgung der an einem *oíkos* beteiligten Menschen mit allem, was zu einem guten Leben erforderlich ist, sowie die nachhaltige Sicherstellung der dafür erforderlichen Ressourcen bzw. die dauerhafte Selbstständigkeit des Hauses, die auf Griechisch *autarkeía* heißt: Autarkie.[8] Nachhaltigkeit und Autarkie sind in der Ökonomik des Aristoteles *die* Tugenden bzw. *die* Ideale des Wirtschaftens. Sie zu verwirklichen heiße, es in der Kunst der *oikonomía* zur Meisterschaft gebracht zu haben. Denn wo immer ein Unternehmen bzw. Haus autark und nachhaltig erwirtschaften könne, was es für ein gutes und freies Leben braucht, sei es – so der Philosoph – im eigentlichen Sinne *reich*.[9] Zu einem falschen Reichtum führe im Gegenteil die grenzenlose Anhäufung materieller oder monetärer Güter, die eine Dynamik freisetze, die die natürlichen Wachstumsgrenzen des *oíkos* ignoriert, der Autarkie des Hauses schadet und das gute Leben der Menschen beeinträchtigt.

Letzteres zu tun, ist in Aristoteles' Wahrnehmung eine Fehlentwicklung dessen, was er *chrematístikē* (Chrematistik) nannte: der Erwerbskunst, die vorwiegend von Händlern ausgeübt wurde. Sie erschien dem Denker problematisch, weil sie unweigerlich einen selbstständigen Finanzmarkt generiert, auf dem durch das Instrument der Zinswirtschaft ein grenzenloses monetäres Wachstum erzeugt wird. Dadurch aber gehe die für die Gesundheit und Lebendigkeit des *oíkos* so wichtige Bindung an das natürliche Maß des Lebens verloren und das Ziel der Autarkie drohe durch maßloses Profitstreben ersetzt zu werden.[10]

Wenn man Aristoteles' Kritik an der Chrematistik liest, stellt sich freilich die Frage, wie die ökonomische Realität der griechischen Antike aussah. Folgte sie dem Paradigma der Ökonomik oder dominierten in ihr nicht womöglich doch die Chrematistik und das muntere Gewinnstreben?

Vieles spricht dafür, dass die Ökonomik nicht bloß den von Aristoteles gewünschten Soll-Zustand, sondern tatsächlich den Ist-Zustand des antiken griechischen Wirtschaftslebens beschreibt. Obwohl die Griechen Klatsch liebten, wissen wir von keinen Superreichen – nur von in ihrer Wahrnehmung so hochgradig problematischen Gestalten wie dem sagenhaften König Midas oder dem lydischen Potentaten Kroisos. Ein Grund dafür dürfte sein, dass die antike Wirtschaft hauptsächlich agrarisch war und sich allein schon deshalb gut in das Paradigma der Ökonomik fügte. Tatsache ist jedenfalls, dass sich de facto in der Antike keine nennenswerte Wachstumsdynamik beobachten lässt. Wohl aber ist erkennbar, dass Betriebe und Häuser, die getreulich den Prinzipien der Ökonomik folgten, eine hohe Halbwertzeit hatten. Eindrücklich zeugen davon die der antiken Ökonomik verpflichteten, bis heute ältesten Unternehmen der Welt: die Klöster des Benediktinerordens, dessen Regel nicht zufällig aus der Spätantike stammt. Sie definiert eine

Benediktinerabtei als ein mittelständisches Unternehmen, das durch Landwirtschaft und Produktionsbetriebe in völliger Autarkie besteht und dabei einen Kulturraum für dasjenige schafft, was seine Angehörigen als *gutes Leben* ansehen.

Bevor wir die antike Ökonomik und ihr Leitbild des Hauses zurücklassen, müssen wir uns eine letzte Frage vorlegen: Wie konnte die Ökonomik entstehen? Wie war ein Wirtschaften möglich, dass mehr auf Dauer und Freiheit als auf Profit und Sicherheit ausgerichtet war? Diese Frage führt uns noch einmal zurück zur Philosophie, denn der Ökonomik zugrunde liegt ein von weit aus der Vergangenheit herrührendes Mindset, das sich in vielerlei Hinsicht vom neuzeitlichen Denken unterscheidet: Die Welt erschien dem antiken Griechen als eine schöne, von keinem Gott geschaffene ewige Ordnung. In diesem Kosmos verläuft die Zeit in zyklischen Kreisläufen. Der Mensch erlebte sich dabei als eingebunden in das große Netz des Lebens und bemühte sich darum, im Einklang mit diesem Großen und Ganzen zu leben. Das änderte sich mit dem Triumph des Christentums und der säkularen europäischen Neuzeit gründlich. Das alte Leitbild des Hauses, das so bewirtschaftet wurde, dass die Menschen in ihm ein gutes Leben führen können, wurde ersetzt durch eine gänzlich andere Metapher ...

Teil 2: Apparat

Vom Triumph eines neuen ökonomischen Paradigmas zeugt ein Eintrag in dem 1723 erschienen *Dictionnaire Universel de Commerce* der Brüder Jacques Savary des Bruslons (1657–1716) und Louis-Philémon Savary (1654–1727). Dort taucht erstmals eine neue Bezeichnung für das wirtschaftende Subjekt auf. Der wirtschaftende Mensch gilt nunmehr als *Entrepreneur*. Das Wort gibt ein neues wirtschaftliches Paradigma und eine neue Leitmetapher des Wirtschaftens bzw. des Unternehmertums zu erkennen: *Entrepreneur* leitet sich her vom lateinischen *inter prehendere* (zwischen ergreifen). Das Wort gibt zu erkennen, dass es der Welt des Fernhandels entstammt, denn es waren die Fernhändler, die bestimmte Güter *zwischen* Kauf und Verkauf *ergreifen*, um sie später mit Gewinnsteigerung zu veräußern.

Um auf diese Art zu wirtschaften, benötigte der Entrepreneur allerdings ein Instrument, ein Werkzeug: das Schiff. Voilà, die neue Leitmetapher der neuzeitlichen Ökonomie war gefunden.

2.1 Schiff

Seit der frühen Neuzeit werden Unternehmen nach Maßgabe eines für den Seehandel ausgestatteten Schiffs gedacht: ein schwimmendes Haus auf dem Meer der Zeit, unterwegs in die Zukunft, um reich beladen in einer künftigen Gegenwart zurückzukehren. Damit wird alles anders. Schauen wir uns die Facetten dieses neuen Leitbildes an und fragen zunächst: Was genau ist ein Entrepreneur?

Eine frühe Antwort auf diese Frage finden wir bei Richard Cantillon (1680–1734) in seinem posthum veröffentlichten *Essai sur la Nature du Commerce au General* von 1755. Er beschreibt den Entrepreneur als eine Person, die zu einem gewissen Preis eine Sache erwirbt oder produziert, um sie zu einem späteren Zeitpunkt zu einem höheren Preis weiterzuverkaufen, wobei er über Erhalt und Nutzung von Ressourcen entscheidet und unternehmerische Risiken eingeht.[11] Der Entrepreneur erscheint nunmehr als ein Abenteurer und Visionär, der zu neuen Ufern aufbricht und auf die Zukunft wettet, um reich beladen aus der Ferne heimzukehren. Und das Unternehmertum gerät zu einem Wagnis, das vom Mut zur Investition lebt. Es verbindet sich nicht zufällig schon im 16. Jahrhundert mit dem *venture capital* der Banken, um sich über Kredite den künftigen Reichtum erobern zu können. Damit ist dann auch gesagt, worin das neuzeitliche ökonomische Paradigma das Ziel und den Sinn des Wirtschaftens erkennt: Es geht um Reichtum und Profit. Es geht um einen *Return of Investment.* Und es geht um Kapital für neue Investitionen. Auffällig dabei ist, dass sich das Wirtschaften mit dem Abschied von der Leitmetapher des Hauses in mehrfacher Hinsicht entgrenzt. Anders als das Haus ist es nicht mehr an einen Ort gebunden. Da es nicht mehr auf landwirtschaftlicher Produktion basiert, kann es über die Grenzen des natürlichen Wachstums expandieren. Und da es vornehmlich mit Kapital wirtschaftet, begünstigt es die Entwicklung einer selbstständigen Geldwirtschaft bzw. des Bankgewerbes.

Damit sich dieses neue Paradigma durchsetzen konnte, bedurfte es einer grundlegenden Disruption des antiken Welt- und Menschenbildes. Begonnen hatte sie die christliche Religion. Vollendet wurde sie mit der auf ihrem Boden gewachsenen neuzeitlichen Philosophie des Subjektivismus. Diese Philosophie hatte ein grundlegend anderes, neues Denken hervorgebracht, denn René Descartes (1596–1650) hatte seinen Lesern nahegelegt, der neuzeitliche Mensch sei wesentlich ein »maitre et possesseur de la nature«[12]. Mit diesem neuen Selbstverständnis gerät die Natur zu einer Ressource, die ausgebeutet werden darf und muss. Der Mensch sieht sich dazu befähigt durch seine von ihm nun neu entdeckte und als einzig relevante Rationalität gefeierte instrumentelle Vernunft (Max Horkheimer, 1895–1973).[13]

Nun folgt er einer *Um-zu*-Logik, unter deren Einfluss das antike zyklische Zeitverständnis endgültig durch ein lineares Zeitverständnis ersetzt wird. Das hat Auswirkungen auf das Wirtschaften: Nun folgt es nicht länger den natürlichen Zyklen des Lebens, sondern vollzieht sich in linearen technischen Prozessen: Das Schiff sticht in See, um durch Handel oder Ausbeutung reich beladen zurückzukehren. Diese lineare *Um-zu*-Logik hält sich auch dann durch, wenn die neuzeitliche Ökonomie ihre Leitmetapher des Schiffs am Ende des 18. Jahrhunderts durch einen anderen Apparat ersetzt: die Maschine.

2.2 Maschine

Die Verschiebung der ökonomischen Leitmetapher vom Schiff zur Maschine erfolgt im Zuge zweier technischer Entwicklungen: Im späten 18. Jahrhundert begeisterten sich die Menschen zunehmend für mechanische Apparate wie die sogenannten Avatare des Uhrmachermeisters Jacques de Vaucanson (1709–1782). Im 19. Jahrhundert kehrte sich die Begeisterung der Menschen fort von Zahnrädern und Uhrwerken hin zu Dampfkesseln und Druckventilen. Die Dampfmaschine prägt nunmehr die Fantasie der Menschen und die damit einhergehende Industrialisierung begünstigt ein neues ökonomisches Denken, das zwar weiterhin dem Leitbild des Apparates treu bleibt, nun aber die Metapher der Maschine ins Zentrum rückt. Seither werden Unternehmen nach Maßgabe von Maschinen gedacht und organisiert.

Was ist eine Maschine? Eine einfache Definition könnte wie folgt lauten: Eine Maschine verarbeitet gegebene Ressourcen zu einem gewünschten Output – gleichviel ob es sich dabei um *Human Resources, Material Resources, Monetary Resources, Data Resources* oder alles zugleich handelt. Die Verarbeitung erfolgt nach standardisierten Abläufen der Wertschöpfung, die nach Maßgabe eines maximalen Outputs optimiert werden können. Daraus ergibt sich ein neues unternehmerisches Selbstverständnis: Der Unternehmer sieht sich im Zeitalter der Maschinenmatrix weder als Hausverwalter noch als *Venturer*, sondern er mutiert zum Ingenieur. Unternehmertum wird nun zu einer Spielart der Ingenieurskunst, die durch effiziente Prozesse vorhandene Ressourcen optimal nutzt, die Funktionalität der Maschine permanent optimiert und Verfahren implementiert, die maximalen Ertrag in Aussicht stellen. Am Ziel der Profitmaximierung ändert sich dabei nichts. Nur wird die Geschwindigkeit gesteigert. Und das hat damit zu tun, dass sich das Mindset im 19. Jahrhundert rasant weiterentwickelt und der Mensch sich noch weiter von seiner natürlichen Umgebung entfernt: Die Natur wird vollends zur ausbeutbaren Ressource konvertiert, während der Mensch sich als *Homo Faber* gefällt, der sie seiner Technik unterwirft – und als *Homo oeconomicus*, der nur noch seinen eigenen Vorteil verfolgt. Für die Welt, in der er lebt, bleibt das nicht folgenlos.

Die wichtigsten Weichenstellungen auf dem Weg zur globalen Wirtschaft der Gegenwart taten die Vertreter der sogenannten ökonomischen Klassik auf der britischen Insel, allen voran Adam Smith (1723–1790), der als Erster den Markt als eine effiziente Wertschöpfungsmaschine feierte. Es ist faszinierend zu sehen, wie nach der Veröffentlichung seines Klassikers *The Wealth of Nations* im Jahre 1776 ein beispielloser Prozess der Entgrenzung, Expansion und Globalisierung der Märkte anhebt, in dessen Folge sich die Wirtschaftsleistung erst in Europa und später weltweit rasant entwickelt. Wie von Adam Smith prognostiziert, nimmt der Wohlstand tatsächlich zu, nur wird er alles andere als gerecht verteilt – und schon gar nicht durch eine »unsichtbare Hand«, wie er mutmaßte. Die Konsequenzen ließen nicht lange auf sich warten: ein über mehr als ein Jahrhundert währender und fatale Kriege entfesselnder Konflikt zwischen Kapitalismus und Sozialismus bzw. zwischen Liberalismus und Kommunismus auf der einen Seite und eine beispiellose Plünderung und Zerstörung des Planeten auf der anderen. Da stehen wir heute – und stellen uns die Frage, wie es angesichts dessen und der eingangs beschriebenen Krisen weitergehen soll.

Bei nüchterner Betrachtung gibt es nur zwei Möglichkeiten: Entweder wir halten an dem bestehenden liberalistisch-kapitalistischen Paradigma und seinem Leitbild der Maschine fest oder es kommt zu einem echten, disruptiven Paradigmenwechsel. Bleiben wir der Maschinenmatrix treu, ist auch klar, was die nächste Leitmetapher sein wird: der Computer.

2.3 Computer

Machen wir uns nichts vor: Nicht mehr Schiffe oder Dampfmaschinen beherrschen unser Denken, sondern Computer. Wie im 18. Jahrhundert, als der Mensch sich und seine Wirtschaft nach Maßgabe der von ihm gebauten mechanischen Maschinen neu entwarf, so bauen wir unsere Welt nach Maßgabe digitaler Maschinen um. Die grundlegende Idee der Maschinen und der diesem Leitbild treu ergebenen Ökonomie bleibt dabei allerdings die gleiche: Unternehmen sind Apparate, die Ressourcen optimal verarbeiten, um maximale Wertschöpfung zu generieren. Neu ist lediglich, dass die digitalen Maschinen den bereits im 17. Jahrhundert begonnenen Prozess der Naturentfremdung exponentiell beschleunigen – bis dahin, dass Transhumanisten im Silicon Valley die Forderung vor sich hertragen, der physische Leib des Menschen möge doch bitte durch haltbarere Speicher-medien ersetzt werden.

Diese verstörende Dystopie lassen wir auf sich beruhen und wenden uns stattdessen einer wichtigen Frage zu: Welches Denken steckt hinter der Computer-Metapher? Nun ist bekannt, dass Computer in der Lage sind, durch intelligente Algorithmen die Effizienz der Ressourcenverarbeitung zu steigern. Das setzt allerdings voraus, dass die natürliche Welt möglichst vollständig in Daten konvertiert wird, sodass sie, algorithmisch optimiert, wertschöpfend verarbeitet werden können. Diesen Prozess nennt man für gewöhnlich Digitalisierung. Vor allem die künstliche Intelligenz (KI) verspricht dabei die perfekte Ausbeutung von Daten und deren Konvertierung in ökonomischen Profit. Für diesen Prozess ist der Mensch als Arbeitskraft nicht länger nötig, denn die instrumentelle Vernunft des *Homo oeconomicus* kann durch die Algorithmen der künstlichen Intelligenz nicht nur ersetzt, sondern exponentiell gesteigert werden. Damit aber löst sich die digitalisierte Ökonomie vollends vom natürlichen Leben – und wird, wenn wir Aristoteles folgen, maßlos, vermessen und anmaßend.

Schon jetzt spiegelt sich dieser Prozess überall in unserer Lebenswirklichkeit. Denn wie sieht die ökonomische Realität aus? Die Naturzerstörung wird durch die Digitalisierung der Wirtschaft nicht weniger. Im Gegenteil: Der Energiebedarf explodiert. Gleichzeitig leiden immer mehr Menschen in den hoch technisierten Ländern unter psychischen Erkrankungen. Sie spüren, dass sie überflüssig werden. Und wer das nicht recht glauben mag, lenke seine Aufmerksamkeit einmal nach Osten, wo autokratische Systeme wie China ihre Gesellschaften in KI-gestützte Machterhaltungsmaschinen umbauen.

Doch eines lässt sich bei alledem nicht länger vertuschen: Das Leben schwindet. Die Welt wird zu einem »kahl Gefild«, der Mensch fühlt sich »ewig hinab in die Nacht verwiesen« und die »götterlosen« Autokraten halten unsere Welt in Bann – um noch einmal an das eingangs zitierte Gedicht von Friedrich Hölderlin (1770–1843) anzuknüpfen. Wenn es nicht dabei bleiben soll, dann brauchen wir ein neues ökonomisches Paradigma – und zwar schnell. Denn dann ist es Zeit, dass die »schöne Seele (der ›lebendigen Welt‹) sich neuverkündet« und dass »unsere Tage wieder wie die Blumen sind«. Genau das könnte eintreten, wenn wir ein neues ökonomisches Paradigma und eine neue Leitmetapher zu denken wagen: den Garten.

Teil 3: Garten

Der Garten als neue Leitmetapher der Ökonomie verbindet die Vorteile der bisherigen ökonomischen Paradigmen: Von der antiken Ökonomik übernimmt sie die Rückbindung an die Kreisläufe der natürlichen Welt, die Idee eines maßvollen Wachstums im Dienst des Lebens und das allem übergeordnete Ziel nachhaltiger Autarkie. Vom neuzeitlichen Entrepreneurship hingegen übernimmt sie die Dynamik eines (allerdings nunmehr regulierten) Marktes und die Effizienz einer nunmehr dem Leben dienstbar gemachten Technik. Wie das? Wie lassen sich künftige Unternehmen als Gärten denken?

Dafür fragen wir zunächst: Was ist ein Garten? Eine bewährte Antwort lautet: Ein Garten ist die Schnittmenge von Kultur und Natur: ein Ort des natürlichen Lebens, der jedoch von Menschenhand kultiviert wird. Ein solcher Ort bleibt unabdingbar rückgebunden *an* und eingebunden *in* die großen Zyklen des kosmischen Lebens und ist zugleich ein Betätigungsfeld menschlichen Handelns, menschlicher Fertigkeit und menschlicher Technik. Ein Garten ist gestaltete Natur. Aber das ist noch nicht alles. Als gestaltete Natur ist der Garten zudem ein Ort des Wachstums und der Produktion, des schöpferischen Miteinanders und der Arbeit – vor allem aber ein Ort, an dem Ökonomie und Ökologie zur Deckung kommen. Ein Garten ist ein Ort des Lebens. Daraus ergibt sich sein Sinn und Zweck: die Entfaltung von Lebendigkeit.

Und genau das können wir nun auf die Ökonomie übertragen. Ein zukunftsfähiges Wirtschaften nach Maßgabe der Garten-Metapher ist hochdynamisch und zukunftsorientiert auf Wachstum und Prosperität ausgerichtet, es bleibt dabei aber rückgebunden an die Grundlagen des natürlichen Lebens. Ferner fördert es die Entfaltung der Lebendigkeit von Mensch und Natur und trägt der Kernidee von Autarkie und Nachhaltigkeit der Unternehmen Rechnung. Oder, wenn Sie es etwas poetischer wollen: Der Sinn eines Gartens ist die *Mehrung von Lebendigkeit*: Blüte und Frucht, Wachstum und Nachhaltigkeit, reiche Ernten und reiches Leben, Fülle an Gütern und Fülle an Schönheit.

Wenn wir Unternehmen nach Maßgabe von Gärten denken, ändert sich auch das Bild der Unternehmer. Sie sind nicht länger Ingenieure oder Ingenieurinnen, sondern Gärtner bzw. Gärtnerinnen, die die Kunst des *Horticultural Entrepreneurship* praktizieren. Dieser Neologismus kann als Chiffre für ein innovatives, zukunftsfähiges Unternehmertum gelten, dessen Innovationen viel tiefer reichen und nachhaltiger wirken werden als alle neumodischen New-Work-Konzepte. Was aber ist genau darunter zu verstehen?

Wie geht *Horticultural Entrepreneurship*? Wie lässt sich unternehmerisches Handeln im Zeichen der Leitmetapher des Gartens beschreiben? Es folgen fünf Vorschläge dazu – garniert mit Zitaten bekannter und gestandener Unternehmer, die zu erkennen geben, dass auch andere die Not und Notwendigkeit einer Disruption des ökonomischen Denkens erkannt haben.

1. Wie beim Gärtnern geht es beim *Horticultural Entrepreneurship* darum, die Verbindung zum Ganzen zu beachten und für Nachhaltigkeit und Umweltverträglichkeit zu sorgen. Nur auf diese Weise wird das Wirtschaften dem Maß des Lebens genügen und von weiteren Zerstörungen der natürlichen Welt absehen. Passend dazu schreibt der Ex-BASF-Chef Jürgen Strube: »Die vordringlichste Aufgabe eines Unternehmens ist es, die abgebrochene Verbindung mit dem Kosmos wiederherzustellen.«

2. Wie beim Gärtnern geht es beim *Horticultural Entrepreneurship* darum, vorhandene Ressourcen in ihrer natürlichen Entfaltung zu unterstützen und nicht auszubeuten. Dies gilt besonders im Blick auf die Human Resources, die leider gar zu oft in Unternehmen verschlissen werden. Ein klares Verständnis dafür hat der britische Top-Unternehmer und Milliardär Richard Branson, der einmal sagte: »People are no different from flowers. If you water them, they flourish. If you are not nice to them, they shrivel up.«

3. Wie beim Gärtnern geht es beim *Horticultural Entrepreneurship* darum, systemisch zu denken und Prozesse nach Maßgabe der vorhandenen Potenziale zu optimieren. Das setzt voraus, dass Führungskräfte sehr genau hinschauen und sich ein möglichst nüchternes und ungeschminktes Bild von ihren Mitarbeitenden verschaffen, um dann zu klären, wie sie in ihrer Potenzialentfaltung optimal unterstützt werden können. Einer, der immer wieder darauf hingewiesen hat, ist der leider unlängst verstorbene dm-Gründer Götz Werner. Er sagte: »Für mich ist ein Chef wie ein Gärtner, der für sein Saatgut optimale Bedingungen schafft.«

4. Wie beim Gärtnern geht es beim *Horticultural Entrepreneurship* darum, für Menschen Räume zu generieren, die Funktionalität und Ästhetik miteinander verbinden. Viele Unternehmen kranken daran, dass die von ihnen bespielten Arbeitsräume bzw. Arbeitswelten ausschließlich nach funktionalen Gesichtspunkten konzipiert sind. Wem es wirklich um die Potenzialentfaltung der Menschen zu tun ist, wird sich damit nicht abfinden wollen. Vielmehr wird er es mit dem italienischen Textilmogul Brunello Cucinelli halten, der oft mit dem schönen Ausspruch zitiert wird: »Our soul needs to be fed on a daily basis too, as much as the body and the mind.«

5. *Horticultural Entrepreneurship* ist nicht die Kunst optimierter Produktion, sondern umsichtiger Kultivierung. Sein Leitsatz stammt aus dem Roman *Candide* von Voltaire (1694–1778) und lautet: »Il faut cultiver notre jardin.« – »Lasst uns unseren Garten bestellen.«

Anmerkungen

1 Friedrich Hölderlin, Ermunterung (2. Fassung), in: Ders., Sämtliche Werke und Briefe, Bd. 1, München 1970, S. 319 f.
2 Thomas Kuhn, Die Struktur wissenschaftlicher Revolutionen, 2. Aufl., Frankfurt a. M. 1976, S. 186.
3 Ebd., a. a. O., S. 51.
4 Ebd., a. a. O., S. 162.
5 Vgl. Aristoteles, Politik, 1256b7 ff.
6 Vgl. Aristoteles, Politik, 1257b40 ff.
7 Vgl. Aristoteles, Politik, 1258a33 ff.
8 Vgl. Aristoteles, Politik, 1256b33 f.
9 Vgl. Aristoteles, Politik, 1256b33 f.
10 Vgl. Aristoteles, Politik, 1258a36 ff.
11 Dazu Artikel *Entrepreneurship* auf Wikipedia (https://en.wikipedia.org/wiki/Entrepreneurship); abgerufen am am 12.10.2022.
12 René Descartes, Discours de la Méthode, 6.62. Übers. u. hg. v. Lüder Gäbe, Hamburg 1960, S. 100.
13 Vgl. Max Horkheimer, Zur Kritik der instrumentellen Vernunft (deutsche Fassung von Eclipse of Reason, 1947), Fischer, Frankfurt a. M. 1967.

QUALITATIVE FREIHEITSKONZEPTE FÜR EINE WIRTSCHAFT VON MORGEN

Weniger »Mehr«

Krisha Kops

Nuns fret not at their convent's narrow room;
And hermits are contented with their cells;
And students with their pensive citadels;
Maids at the wheel, the weaver at his loom,
Sit blithe and happy; bees that soar for bloom,
High as the highest Peak of Furness-fells,
Will murmur by the hour in foxglove bells:

In truth the prison, unto which we doom
Ourselves, no prison is: and hence for me,
In sundry moods, 'twas pastime to be bound
Within the Sonnet's scanty plot of ground;
Pleased if some Souls (for such there needs must be)
Who have felt the weight of too much liberty,
Should find brief solace there, as I have found.

[William Wordsworth]

1

William Wordsworth (1770–1850) teilt als romantischer Dichter ein anderes Freiheitsverständnis als die Wirtschaft und die meisten Menschen des 21. Jahrhunderts. Er dichtet von Eremiten, die sich mit ihren Klausen begnügen, von Studenten, die mit ihren Zitadellen vorliebnehmen. Die Einschränkung von Freiheit, so sein Argument, sei keine Unfreiheit, solange man sich aus freien Stücken dazu entscheidet. Epikureisch misst er scheinbar der inneren Freiheit mehr Wert bei als der äußeren und reimt von einer Bürde durch zu viel Freiheit. Wie wir sehen werden, sind diese romantischen Auffassungen der Freiheit näher an den Konzepten, die wir für das Wirtschaften der Zukunft benötigen, als viele der gegenwärtigen Ansätze.

Wordsworth ist ferner der Beweis, dass die Idee der Freiheit Menschen schon lange beschäftigt, durch den sich zunehmend entfaltenden Liberalismus heute vielleicht mehr denn je. Dabei ist Freiheit nicht nur ein Konzept neben anderen, sondern eines der wichtigsten schlechthin. Davon zeugt neben Artikel 1 der Menschenrechte (wo es unter anderem heißt, alle Menschen seien frei geboren) zum Beispiel der Wahlspruch der Französischen Revolution und Republik: »Liberté, Égalité, Fraternité«. Um mit Charles Taylor zur sprechen, stellt Freiheit ein »konstitutives Gut«[1] dar, eine im platonischen Sinne Grundidee dessen, was wir als etwas Gutes erachten. Das Gute, das die Ordnung unseres Seins mitbestimmt und uns als moralischer Rahmen unseres Handelns dient.

Allerdings ist Freiheit nicht gleich Freiheit. Selbst wenn wir zwischen Willens- und Handlungsfreiheit differenzieren, haben wir es immer noch mit innerer und äußerer, positiver und negativer, individueller und kollektiver Freiheit zu tun, um nur wenige zu nennen. Im Folgenden möchte ich mich insbesondere auf die von Claus Dierksmeier ([*]1971) und anderen getroffene Unterscheidung zwischen quantitativer und qualitativer Freiheit konzentrieren, da sie die Debatte um wirtschaftliche Freiheit aus einer anderen Perspektive ermöglicht. Wie im 2. Teil dargestellt, bringt das in der Wirtschaft dominierende quantitative Verständnis von Freiheit erhebliche Nachteile mit sich. Diesem Freiheitsverständnis möchte ich im 3. Teil das qualitative Freiheitsverständnis entgegenstellen. Neben dem bekannteren Befähigungsansatz von Amartya Sen (3.4) geht es mir hier darum, neue qualitative Freiheitsansätze für die Wirtschaft vorzustellen: die Freiheit des Spieles (3.1), die ästhetische (3.2) und die sogenannte (Ent-)Bindungsfreiheit (3.3). Dabei handelt es sich um Gedankenanstöße, die es in die Wirtschaft zu übersetzen gilt.

2

Da es bei der wirtschaftlichen Freiheit besonders um die Freiheit der handelnden Akteure geht, also die der Produzenten und Konsumenten, möchte ich eine Definition der Handlungsfreiheit voranstellen. Otfried Höffe (*1943) argumentiert, im spezifisch menschlichen Sinne liege die Handlungsfreiheit dort vor,

> »wo jemand ohne äußeren Zwang im Einklang mit seinen eigenen Wünschen und Überzeugungen handelt. [...] Freiheit heißt dann, handeln und auch nicht handeln (*libertas exercitii*) oder das eine statt des anderen tun können (*libertas specificationis*). Zur Handlungsfreiheit gehört die Fähigkeit, aus sich heraus Vorstellungen von den Zielen und Wegen seines Lebens zu entwickeln und den Vorstellungen gemäß, ohne äußeren Zwang, zu agieren [...]. Sie ist keine angeborene Eigenschaft, sondern eine Möglichkeit, die es zu entwickeln gilt, was den verschiedenen Menschen unterschiedlich weit gelingt: Ein Individuum ist umso freier, auf je mehr Bahnen es sich zufolge seiner physischen, psychischen, wirtschaftlichen und politischen Bedingungen bewegen kann.«[2]

Aus dieser Beschreibung lassen sich für unsere folgende Betrachtung einige Punkte festhalten:

i Freiheit wird vom Subjekt aus gedacht.

ii Freiheit wird über die Abwesenheit von Zwang definiert.

iii Damit das Handeln als frei gilt, muss es von den eigenen Wünschen und Überzeugungen geleitet sein.

iv Freiheit steht in Verbindung mit Wahlmöglichkeiten.

v Freiheit muss entwickelt werden.

vi Freiheit bemisst sich an einem »Mehr«, ob in physischen, psychischen oder anderen Bereichen.

Mit diesen möglichen Eigenschaften der Handlungsfreiheit im Hinterkopf wenden wir uns nun dem quantitativen Begriff der Freiheit zu. In einer Definition dazu heißt es:

»Freiheit, so verstanden, meint also *Freiheit von* Beschränkungen; die definiert sich *negativ* über deren Abwesenheit. Je weniger Grenzen, desto mehr Freiheit; je mehr Freiheit, umso besser[.]«[3]

Dieser Art der Freiheit werden die Punkte i, ii, iv und vi gerecht. Punkt iii trifft nur gewissermaßen zu, weil die hinter der quantitativen Freiheit stehende Wirtschaft oft durch Werbung, gar Manipulation der Sättigungssignale oder dergleichen zu mehr Konsum drängt und Handlungen dadurch nicht unbedingt den eigenen Überzeugungen geschuldet sind. Dies liegt auch daran, dass die quantitative Freiheit nicht zwischen Wünschen erster und zweiter Ordnung unterscheidet, also einfachen Wünschen und Wünschen, gewisse Wünsche überhaupt (nicht) zu haben. Wünsche zweiter Ordnung hängen mit der von der quantitativen Freiheit vernachlässigten Befähigung (vgl. v) zusammen – und zwar der Befähigung, seine Wünsche zu hinterfragen.[4]

Während gegen Ende des 18. und Anfang des 19. Jahrhunderts vor allem in Kontinentaleuropa noch metaphysische Freiheitsverständnisse vorherrschten, trat ab spätestens Mitte des 19. Jahrhunderts das quantitative Freiheitsverständnis seinen Siegeszug an. Metaphysischen Freiheitsbegriffen, wie von Immanuel Kant (1724–1804), Johann Gottlieb Fichte (1762–1814), Karl Christian Friedrich Krause (1781–1832) und einigen Romantikern, lag es zunächst daran, das Sein der Freiheit näher zu definieren, und nahmen im Zuge dessen oft dem qualitativen Freiheitsbegriff verwandte Züge an. Noch vor dem generellen Metaphysikverdruss offenbarten sich allerdings die Schwächen der metaphysischen Herangehensweisen. Fichte beispielsweise bringt Freiheit mit Vernunft in Verbindung, was im Umkehrschluss bedeutet, dass Unvernunft Freiheit widerspricht. Solch eine Herangehensweise ist nur schwerlich haltbar, da sie das Problem lediglich verlagert, indem sie nach einer vertretbaren Definition von Vernunft verlangt und gleichzeitig alles für unfrei erklärt, was nicht diesem Vernunftsbegriff entspricht.

Mit dem Angriff auf das metaphysische Verständnis der Freiheit muss Freiheit a posteriori oder a priori, also auf zwingend logische oder empirische Schlussfolgerungen zurückzuführen sein. Nicht allein aus diesen Gründen avancierte im Vereinigten Königreich, später in Amerika und von da aus im Großteil der uns bekannten Welt ein quantitativer Begriff der Freiheit. Gerade Denker und Denkerinnen dieser Länder brachten gleichzeitig andere Ideen voran, die die Moderne bis heute maßgebend prägen, sogar beherrschen sollten: Liberalismus, Individualismus, Utilitarismus, Empirismus, Kapitalismus und in Zukunft vielleicht der Dataismus. Gelegentlich wurden diese Ideen gar in einer einzigen Person verkörpert, man denke zum Beispiel an John Stuart Mill (1806–1873).

Ohne den Gedanken hier in Tiefe ausführen zu können, sei erwähnt, dass diese Ideen äußerst eng miteinander in Beziehung stehen, sich gegenseitig gar Bahn brechen. Der Utilitarismus beispielsweise, wohlgemerkt in krudester Auslegung, heißt eine Tat moralisch dann gut, wenn sie das Wohl der Betroffenen vermehrt. Es unterliegt also einem quantitativen, messbaren Denken und beschwört das »Mehr«. Der Empirismus beruht, anders als die Metaphysik, wesentlich auf Sinneswahrnehmung. Die dadurch entstehende Forschung ist idealerweise eine messbare, also quantifizierbare. Der moderne Kapitalismus, besonders angestoßen durch Adam Smith (1723–1790), weiß Quantifizierungen zu schätzen, da das »metrische Wir«[5] im Idealfall den Konkurrenzkampf fördert und scheinbar objektive Vergleiche in einer angeblich meritokratischen Gesellschaft ermöglicht. Der Individualismus wiederum rückt das Subjekt mehr denn je in den Mittelpunkt des Denkens. Und zuletzt ist es der Dataismus, der noch nie da gewesene Quantifizierungsmöglichkeiten birgt.

Das quantitative Freiheitskonzept basierte von Anbeginn auf einem physikalistischen. Bereits bei Thomas Hobbes (1588–1679) und Jeremy Bentham (1748–1832) wird Freiheit räumlich gedacht, was stark mit Bewegungsfreiheit in Beziehung steht. Denkt man Freiheit räumlich, impliziert dies mitunter zwei zusammengehörende Dinge. Einerseits, dass Unfreiheit dann entsteht, wenn einzelne Akteure samt ihren Freiheiten in diesem Raum miteinander kollidieren und somit Mills »harm principle«[6] unterlaufen, das beabsichtigt, genau dies zu vermeiden. Dies ist ein stark auf das Individuum ausgerichtetes Freiheitsdenken (vgl. i), das Freiheit nicht aus dem Miteinander denkt. Andererseits wird mehr Freiheit ermöglicht, wenn sich der Handlungsspiel*raum* vergrößert und damit die individuellen Freiheiten weniger wahrscheinlich aufeinanderstoßen. Offensichtlich haben wir es hier mit einem Denken des »Mehr« zu tun, etwas Quantifizierbarem.

Es nimmt nicht wunder, dass solch ein räumliches Freiheitsdenken gerade in Zeiten der Kolonialisierung verstärkt auftritt. Wenn mehr Freiheit mehr Raum bedeutet, gilt es, diesen Raum zu erschließen. Selbst in postkolonialen Zeiten beeinflusst solch eine Philosophie die neokoloniale Wirtschaftspolitik. Auch diesbezüglich kann man das Zusammenspiel verschiedener Ideen beobachten. Man erinnere sich etwa daran, dass der britische Philosoph John Locke

(1632–1704) mit seiner Philosophie der Kolonialisierung das Wort redet. In seinen *Two Treatises of Government* unternimmt er nicht nur den Versuch, bestimmte Formen der Sklaverei zu rechtfertigen, sondern auch das Recht auf Privateigentum durch Arbeit. Dies sollte die Inbesitznahme von Ländereien in Nordamerika legitimieren.[7]

Die politischen Dimensionen des quantitativen Freiheitsdenkens reichen bis weit in das 20. wie 21. Jahrhundert, besonders weil das politische, wirtschaftliche und individuelle Freiheitsdenken aufs Engste miteinander verquickt sind. Denken die meisten Menschen heutzutage an ihre persönliche Freiheit, umweht sie der Wind einer Becks-Werbung: an Deck einer Jacht, mit der man die Weiten der Meere erobert. Politisch macht sich das quantitative Freiheitsdenken vor allem durch neoliberale Theoretiker bemerkbar. So auch durch den US-amerikanischen Wirtschaftswissenschaftler Milton Friedman (1912–2006), den Vordenker der neoliberalen Marktöffnung. Bereits in den 1960er-Jahren argumentierte er, dass die Liberalisierung des Marktes unmittelbar mit der Freiheit des Staates in Verbindung stehe. Nach dieser Gleichung hieße *mehr* Freiheit für die Marktwirtschaft *mehr* politische Freiheit:

> »The kind of economic organization that provides economic freedom directly, namely, competitive capitalism, also promotes political freedom because it separates economic power from political power and in this way enables the one to offset the other. Historical evidence speaks with a single voice on the relation between political freedom and free market.«[8]

Tatsächlich ging zwischen den 1970er- und frühen 2000er-Jahren eine Demokratisierung mit zeitgleicher Liberalisierung der Märkte im quantitativen Sinne einher – zum

Beispiel in der ehemaligen Sowjetunion und ihren Satelliten-
staaten. Zählte man zu Beginn dieser Periode noch 36 ge-
wählte Staaten, waren es am Ende fast 120 weltweit.[9] Dann
schlug die Logik dieser Freiheit, besonders die der wirtschaftlichen, schlagartig um. Abwanderung von Arbeitsplät-
zen, Migrationsströme, Umverteilungsprobleme und andere
Phänomene der (globalisierten) Liberalisierung führten zu
Argwohn. Länder wie Ungarn und Polen beschnitten ihren
eigenen Rechtsstaat, andere wie Venezuela, Ägypten, Russland und China rutschten immer tiefer oder ganz in die Dik-
tatur. Anders gesagt: Es setzte eine anhaltende »demokrati-
sche Rezession«[10] ein.

Nicht nur auf diese Weise zeigen sich zunehmend die
Kehrseiten der quantitativen Freiheit. Ein Denken, dessen
Kernstück das »Mehr« ist, muss auch mehr natürliche Ressourcen verbrauchen. Die Konsequenzen sind allgemein bekannt: Erderwärmung, Übernutzung von Ressourcen, über-
mäßige Abfallproduktion und viele andere mehr. Alternativ
zu Rohstoffen können psychische Ressourcen verwendet
werden, Ideen, die die natürlichen Ressourcen schonen.
Doch auch hier bringt das »Mehr« den Menschen an seine
Grenzen, vornehmlich in Form des Burnouts und anderer
psychischer Belastungsstörungen. Auf logischer Ebene
könnte man der quantitativen Freiheit außerdem vorhalten,
dass sie, zumindest unter den gegenwärtigen wirtschaftlichen Ausprägungen, einem Zwang untersteht, einem
Wachstumszwang, ohne den das System in sich kollabiert.
Wie wir anhand von Punkt ii festgehalten haben, widerspricht ein Zwang (des »Mehr«) dem Konzept der Freiheit.

Ferner lässt sich – vor allem in der kolonialen und neoko-
lonialen Geschichte – beobachten, wie die quantitative Freiheit, trotz Grundregeln wie dem »harm principle«, immer

wieder dazu tendiert, die Freiheiten anderer auszuhöhlen. Man könnte sogar argumentieren, dass dieses Denken, folgt man ihm denn allzu konsequent, unmoralische Taten befürworten könne und es nicht nur deswegen dem gesellschaftlichen Zusammenhalt abträglich sei. Etwa dann, wenn man nicht zwischen Wünschen erster und zweiter Ordnung unterscheidet (vgl. iii). Man stelle sich nur eine Gesellschaft vor, die auf öffentliche Bildung und Medien zugunsten von privaten Anbietern verzichtet. Obwohl es vielleicht mehr Anbieter gäbe, die den Menschen durch Manipulation zu mehr Konsum verhelfen würden, bliebe es zweifelhaft, ob solch eine Gesellschaft auch tatsächlich eine bessere wäre.[11]

Ähnlich wie beim Utilitarismus stellt sich darüber hinaus die Frage, wie man Freiheit eigentlich quantitativ bemisst. Ein Beispiel wäre der Erwerb eines Autos.[12] Messe ich die Freiheit an dem Gefühl, das ich durch die Fahrt mit dem neuen Cabriolet erfahre? Durch das Ansehen, das mir der Sportwagen verleiht? Anhand der Reichweite des Autos? Durch seinen Komfort? Anhand der Ästhetik der Karosserie und der Innenausstattung? Oder gar durch die Anzahl der Personen, die sich damit transportieren lassen? Eines der größten philosophischen Probleme ist jedoch, dass die quantitativen Freiheitsansätze es nicht vermögen, ihrer eigenen Philosophie treu zu bleiben, und selbst qualitative Unterscheidungen einführen, ohne diese aber als solche zu erkennen, geschweige denn zu benennen. Sobald ich beispielsweise Steuern erhebe, setze ich die eine Freiheit qualitativ über die andere und rechtfertige damit, dass ich sie an einer Stelle beschneide, um sie durch Umverteilung an andere zu vergrößern. Solch einem Dilemma entkommen nicht einmal etwa von Ayn Rand (1905–1982) vertretene liberalistische Philosophien, die jegliche Steuern dämonisieren. Das Dilemma keimt an anderer Stelle unweigerlich wieder auf, zum Beispiel wenn man Generationengerechtigkeit berücksichtigen will. Obzwar viele dieser Philosophien ungewollte qualitative Elemente beinhalten, legen sie keinen Wert darauf, Menschen überhaupt zu befähigen, von den potenziellen Freiheiten Gebrauch zu machen, etwas, das uns bereits unter v als Voraussetzung für die Handlungsfreiheit begegnet ist. Was nützt mir meine Meinungsfreiheit, wenn ich sie nicht zu artikulieren weiß?

3

Bevor wir uns näher damit befassen, wie die qualitative Freiheit diesen Herausforderungen Abhilfe schaffen und welche unterschiedlichen Formen sie annehmen kann, wollen wir sie definieren:

> »Sie [die qualitative Freiheit] stellt die Frage ›*Welche Freiheit?*‹ in den Vordergrund und ordnet ihr die Frage ›Wie viel Freiheit?‹ nach. Erst, so der Grundgedanke, wenn wir um die Güte und Qualität einer gewissen Option wissen, können wir beurteilen, wie viel dieser Freiheit wir uns und anderen zugestehen sollten. [...] Dabei grenzt eine Theorie qualitativer Freiheit die Kategorie der Quantität nicht aus, sondern ein: sie setzt sie an zweite Stelle, will sie aber keinesfalls ersetzen. Weder gilt hier automatisch ›mehr ist besser als weniger‹ noch umgekehrt ›weniger ist mehr‹. Sondern stets muss es heißen: ›es kommt darauf an‹, welche Freiheit und wessen Freiheit jeweils eingefordert wird.«[13]

Eine der Stärken qualitativer Freiheit ist, dass sie verschiedene Freiheitsansätze berücksichtigen kann, anstatt vorzugeben, welche die absolut richtige sei. Somit kann Punkt vi als Aspekt der Freiheit berücksichtigt werden, muss er aber nicht. Dort, wo wir ein »Mehr« benötigen, zum Beispiel bei Medikamenten durch die Freigabe von Patenten,[14] kann dies in Erwägung gezogen werden, ohne uns dabei zurück in die Zwangsjacke des generellen und stetigen Wachstums zu stecken. Im Folgenden werden nun verschiedene Arten vorgestellt, Freiheit qualitativ zu verstehen. Dabei wird nicht nur dargelegt, wie diese Freiheitsphilosophie es vermag, Menschen in Bezug auf die möglichen Wünsche zu befähigen (vgl. v), sondern auch die Subjektfokussierung hinter sich zu lassen (vgl. i), unsere Überzeugungen zu hinterfragen (vgl. iii) und damit ungeahnte Zwänge zu überwinden (vgl. ii).

3.1 Līlā – die Freiheit der Götter

In vielen Mythologien gibt es keine freieren Gestalten als die Götter, zumal sie wie kaum jemand sonst zu spielen wissen. Gott Kṛṣṇa beispielsweise spielt gerne Flöte, auch für seine Rādhā (siehe Abb. auf der folgenden Seite), die in manchen Abbildungen zusammen mit ihm auf einer Schaukel dargestellt wird, einer anderen Art des Spieles. Mit Rādhā geht Kṛṣṇa ebenso vergnügt dem Liebes*spiel* nach – bzw. dem Spiel der Nacht (rati keli),[15] denn auch die Romantik ist ein Spiel, wie Wordsworth wohl beipflichten würde. Zudem wird Kṛṣṇa oft als Kind porträtiert, eine Personifizierung des Spieles. In manchen hinduistischen Philosophien, besonders denen des vedānta, wird gar die Welt als göttliches Spiel angesehen (līlā), das die Götter erschaffen. Denn – um nur einen Grund herauszugreifen – wenn das Schöpfende keinem Zwang unterliegen soll, nicht einmal dem Zwang des eigenen Willens, muss die Kreation als Spiel verstanden werden.[16] In der Mythologie reicht das Grundprinzip des Spieles bis zu den Sterblichen, etwa im *Mahābhārata*-Epos,

wo das Würfelspiel eine derart zentrale Rolle einnimmt, dass für es eigens eine Halle errichtet wird.[17]

Diese tiefe Verankerung des Spieles in den meisten Mythologien liegt neben dem Ritualisierungsmoment und kulturbildenden Charakter darin, dass hier der Freiheit des Menschen Ausdruck verliehen wird. Selten fühlt er sich freier als im Spiel. Frei entscheidet er sich zum Spiel, ist währenddessen völlig versunken im Moment, allen Wünschen bar (vgl. iii), fernab von jeglichem Zwang des Zwecks (vgl. i), sogar von dem des Sieges. Wer den Sieg zum Zweck des

Spieles erhebt, hat das Spiel nicht verstanden und verliert, sobald er diesen Zweck nicht erreicht, schnell an Interesse. Selbst die Spielregeln kommen nicht einem Zwang gleich, vielmehr sind sie die Rahmenbedingungen, die das Spiel in Freiheit überhaupt erst entfalten lassen.

Zwar kennt das Spiel Gegner, aber keinen, der gleichzusetzen ist mit einem Konkurrenten, irgendeinem abstrakten Es, sondern einen *Mit*spieler, der durch das *Mit*einander des Spieles zu einem Du wird, einem menschlichen Gegenüber. In diesem Spiel des Ich und Du erbaut sich eine Freiheit, die gerade durch den anderen konstituiert und nicht wie im Konkurrenzdenken durch den anderen streitig gemacht wird. Denn ohne den anderen, das Du, selbst wenn es das Du in uns ist, lässt es sich nicht spielen. Solch ein Denken entfernt sich vom Solipsismus des Subjekts (vgl. i) und sucht Freiheit in der Beziehung. Sie wird von einer Qualität bestimmt und lässt sich nicht einfach durch ein »Mehr« ersetzen, sei es durch ein »Mehr« an Spielen oder mehr Zeit zu spielen. Selbst mehr zu gewinnen kann nicht die qualitative Freiheit eines wirklichen Im-Spiel-Seins ersetzen.[18]

Anstatt das Spiel jedoch für die Wirtschaft dienstbar zu machen, ökonomisiert die Wirtschaft das Spiel. Damit sind nicht allein die milliardenschweren Fußballvereine und -organisationen gemeint, die sich aus Gier regelmäßig in Skandale verwickeln, nicht nur die Fußballspieler, die dieses Spiel bis zur totalen mentalen Erschöpfung treibt, sondern auch etwa Gamification und Spieltheorie.[19] In ihrem Zentrum steht der Zwang des Zwecks, nach außen aber mimen sie das Spiel. Wie könnte nun eine Wirtschaft aussehen, die sich der Ursprungsidee des Spieles nähert? Eine Wirtschaft, in der man die Mitspielerinnen und Mitspieler als Du und Regeln als Voraussetzung des freiheitlichen Spieles erachtet? In der der Mensch nicht länger dem Zwang des »Mehr« unterliegt, sondern vollkommen im Moment des Spielens aufgeht? Es liegt an der Wirtschaft, zu erwägen, ob sie diesem Freiheitsverständnis etwas abgewinnen kann, und wenn ja, wie es sich in ein neues Wirtschaften übersetzen lässt.

3.2 Die spielerische Freiheit des Schönen

Geht es um eine Freiheit durch oder im Spiel, geben sich Kṛṣṇa und Friedrich Schiller (1759–1805) die Hand, insbesondere wenn es sich um das ästhetische Denken des Letzteren handelt. Schiller sieht den Menschen von zwei Polen dominiert, dem Stoff- und dem Formtrieb. Der vom physischen Dasein ausgehende Stofftrieb unterwirft den Menschen dem Joch seiner sinnlichen Bedürfnisse, die ihn von Anbeginn seiner Existenz begleiten. So schreibt er:

> »[D]ie Kunst ist eine Tochter der Freiheit, und von der Nothwendigkeit der Geister, nicht von der Nothdurft der Materie will sie ihre Vorschrift empfangen. Jetzt aber herrscht das Bedürfniß, und beugt die gesunkene Menschheit unter sein tyrannisches Joch. Der Nutzen ist das grosse Idol der Zeit, dem alle Kräfte frohnen und alle Talente huldigen sollen.«[20]

Hier klingt bereits an, dass Freiheit in der Kunst zu suchen ist, nicht in der Materie. Genauso wenig im Formtrieb, der vom absoluten Dasein ausgeht. Durch ihn beugen sich die Menschen dem Sittengesetz. Hier übt die Vernunft einen Zwang aus, dem Schiller skeptisch gegenübersteht, zumal er erkennt, wie sie – verkörpert in der Französischen Revolution, für die er sich anfangs begeisterte – in den Gräuel umkippen kann. Ergänzend dazu wird der Stofftrieb durch stetige Veränderung charakterisiert, durch sein zeitliches Streben, der Formtrieb ist hingegen vom Statischen gegeben durch das absolute, zeitlose Gesetz.

In der Mitte dieser beiden Triebe aber erkennt Schiller einen dritten, den Spieltrieb. Hier walten Sein und Werden zugleich. Wie das Ästhetische in einer dialektischen Bewegung Form und Inhalt zur absoluten Freiheit verbindet, löst sich auch der Zwang des Sinnlichen und Vernünftigen in dessen Mitte auf. »[E]s [ist] die Schönheit«, schreibt Schiller, »durch welche man zur Freiheit wandert.«[21] So widersprüchlich es klingen mag, ist dieser übrig gebliebene Spieltrieb weder des Sinnlichen noch des Vernünftigen, das heißt des Physischen oder Moralischen, bar, verliert aber dessen Zwänge. Deswegen bezeichnet Schiller den Menschen in diesem Zustand auch als »Null«[22].

Anders gesagt: Es ist der Abgrund zwischen Denken und Fühlen, der durch das Ästhetische, die Schönheit überbrückt wird und so ermöglicht, dass sich der Mensch in Freiheit entfaltet. Passend heißt es an anderer Stelle: »[D]er Mensch spielt nur, wo er in voller Bedeutung des Wortes Mensch ist, und er ist nur da ganz Mensch, wo er spielt.«[23] Denn dieser Trieb verbindet wie kein anderer die zwei Dimensionen des Menschseins, die körperliche und die geistige, zur absoluten Freiheit. Wir erahnen, dass man diese durch das ästhetische Stadium erwirkte Freiheit nicht zu quantifizieren vermag, so wie Schönheit sich, dem heutigen Kunstmarkt zum Trotz, nicht in eine Zahl fassen lässt, sondern eine Absolutheit in sich birgt, eine Qualität.

In der gegenwärtigen Wirtschaft scheint man dagegen an Stoff- und Formtrieb nicht sonderlich viel Anstoß zu nehmen. Einerseits werden bewusst die sinnlichen Seiten des Menschen angesprochen, damit er *mehr* konsumiert. Obwohl die Wirtschaft mehr sinnliche Angebote (vgl. iv) denn je geschaffen hat, ignoriert sie, dass der Mensch durch diesen Stofftrieb immer unfreier wird. Gleichzeitig macht sie den Menschen als Homo oeconomicus zum absoluten rationalen Wesen, dessen Hauptanliegen es ist, seinen Nutzen zu maximieren. Auch dieses »Mehr« an Nutzen unterliegt einem Zwang.

Wie sähe eine ästhetische Wirtschaft aus, in der das Sinnliche und Vernünftige zwar ihren Raum erhalten, den Menschen aber nichts mehr auferlegen? In diesem Zusammenhang erwähnt Schiller nicht von ungefähr eine Harmonie, zumal er als Liebhaber des alten Griechenlands mit dem Harmonía-Prinzip des Kosmos wohlvertraut ist. Wäre die Entsprechung solch einer Harmonie so etwas wie eine stationäre Wirtschaft? Und bedeutete die Überwindung des Form- und Stofftriebes weder eine Planwirtschaft noch eine Wirtschaft, die den Menschen immer mehr sinnliche Zwänge auferlegt? Eine spielerische Wirtschaft, die dennoch Regeln kennt und den Menschen nicht zur Askese zwingt? Dies sind die einen Fragen, die Schillers Ästhetiklehre an die heutige Wirtschaft stellen könnte. Der andere Hinweis ist, dass der ästhetische Mensch, wie ihn sich Schiller denkt, noch nicht existiert, er erst noch erzogen werden muss. Das also ist der zweite Gedanke: Müsste der spielerische Mensch in Bezug auf die Wirtschaft ebenso erst erzogen werden? Und wenn ja, wie? Vielleicht selbst durch eine spielerische Pädagogik?

3.3 Die (Ent-)Bindungsfreiheit

Das nächste Konzept qualitativer Freiheit nenne ich (Ent-)Bindungsfreiheit, da sie auf der einen Seite daraus besteht, sich nicht an sie zu binden und damit einem Zwang zu unterliegen. Auf der anderen Seite hat die (Ent-)Bindungsfreiheit zumeist etwas damit zu tun, dass sich der Mensch aus seiner Isolierung des Subjekts befreit, indem er sich mit etwas anderem verbindet. Dies gilt unter anderem für die hinduistische Vedānta- und Sāṃkhya-Philosophie[24], die buddhistische Theravāda- und Madhyamaka-Philosophie sowie für die Philosophie Friedrich Nietzsches (1844–1900). Dabei wird die Handlungsfreiheit, wie wir sie kennengelernt haben, durch die Freiheit als Einstellung ergänzt. Anstelle der Willensfreiheit, also der Frage, ob wir determiniert sind oder nicht, geht es bei der Freiheit als Einstellung allein darum, wie wir zur Freiheit stehen. Denn die Einstellung selbst, so die Annahme, wirkt sich auf die Handlungen aus, indem von ihr ausgehend gewisse Tätigkeiten vollführt oder unterlassen werden. In dieser Freiheit muss man Dame oder Herr solcher Ereignisse werden, die entscheidend für das Erreichen totaler Freiheit sind. Zumeist läuft dies darauf hinaus, dass der Mensch erkennt, nicht in den Kausalketten seines Handelns gefesselt zu sein. Dies steht mit der negativen Freiheit in Verbindung, der Freiheit von etwas.

Beispielsweise wird ein Gefangener die Einsicht erlangen, dass seine Bewegungsfreiheit eingeschränkt ist. Allerdings kann seine Einstellung dazu führen, an den Ereignissen anzusetzen, die in seiner Macht liegen, nämlich seinem Verhältnis zur Gefangenschaft. Das heißt, er wird durch die Philosophie die Erkenntnis erlangen, dass seine Angst und sein Verlangen nach außerweltlichen Dingen seinem Geist entspringen und ihn zusätzlich seiner Freiheit berauben, er diesen Geist aber kontrollieren bzw. seine Ansicht verändern kann. Dadurch lassen sich auch Handlungen beeinflussen, etwa ob er den Drogen frönt, die ihm der Zellennachbar anpreist, und sich damit einem Zwang unterwirft. Offensichtlich hat dies viel mit dem Einfluss auf Wünsche ersten Grades zu tun (vgl. iii).

Dieser Zustand oder diese Einstellung kann auf unterschiedlichsten Wegen erreicht werden. Jede Schule, sei sie nun indischen, hellenistischen oder anderen Ursprungs, kennt dafür ihre eigenen Methoden und Übungen (bzw. áskesis), ob Mediation, Kontemplation, Beobachtung oder Wanderung. Auch hier steht eine gewisse Befähigung im Mittelpunkt (vgl. v). Nun reicht es nicht, sich allein auf den Lorbeeren solch einer Einstellung respektive Erkenntnis und etwaiger Verhaltensänderungen auszuruhen, da das Verlangen, diesen Zustand zu erreichen, selbst zu einem Zwang werden kann und somit das Freiheitsbestreben untergräbt. Darum gilt es unbedingt, nicht nach den Früchten solch eines Unterfangens zu trachten. Zusammengefasst: »Diese Einstellung [der Freiheit] muß von spezieller Qualität sein, nämlich genau daß, was hier als maximale Bedeutung mit minimaler Bindung bezeichnet wird.«[25]

Solche Philosophien weisen darauf hin, dass es Menschen gibt, etwa unter den gegebenen wirtschaftlichen Zuständen, die trotz all der Wahlmöglichkeiten (vgl. iv), all dem »Mehr« (vgl. vi), in Wirklichkeit unfrei sind, da sie ihre inneren Zwänge nicht erkennen (vgl. ii). Wohingegen Menschen, die ihre Abhängigkeit vom »Mehr«, also dem Quantifizierbaren, hinterfragen, weitaus freier sind. Selbst wenn sie auf den ersten Blick nach außen hin weniger frei sind, weil sie über scheinbar weniger Wahlmöglichkeiten verfügen, etwa in ihrer Bewegungsfreiheit. Man könnte mithin sagen: Durch diese Philosophien wird ihnen ermöglicht, ihre Wünsche und Überzeugungen infrage zu stellen (vgl. iii). Die dadurch entstehende Freiheit lässt sich nicht einfach vervielfachen, sondern zeugt von einer besonderen Qualität.

Bis auf Nietzsches Philosophie, die sogar als krasses Gegenteil gedeutet werden kann, haben solche Philosophien außerdem oftmals gemein, dass sie zwar von der Freiheit des individuellen Menschen ausgehen, dort aber nicht enden (vgl. i). Vielmehr ist es ihnen ein Anliegen, das Subjekt an etwas rückzubinden (selbst wenn es im Buddhismus eine Rückbindung an das Nichts bedeutet), das ihre Individualität zumindest relativiert. In diesem Zuge wird die Freiheit gerade dadurch erwirkt, dass die Rückbindung die Person in eine Beziehung zu etwas oder jemand anderem setzt und damit deren ganze Subjektivität infrage stellt. Freiheit entsteht hier durch die Beziehung, nicht durch die Verminderung anderer Freiheitsräume oder -ansprüche. Denn was bleibt in letzter Konsequenz von einer Freiheit übrig, die sich angeblich von allem frei gemacht hat? Nichts.

Diese Philosophien erinnern an Wordsworths Auffassung, die uns zu Beginn des Essays begegnete und uns stark in Richtung innerer Freiheit bringt, sprich einer Freiheit, die den Versuch unternimmt, sich von äußeren Belangen wie Bewegungs-, Rechts- oder Entscheidungsfreiheit unabhängig zu machen. Sicherlich kann solch ein Verständnis schnell zynische Züge annehmen. In dem Roman *Paradise* von Abdulrazak Gurnah bringt der Sklave Mzee Hamdani genau solch ein Argument voran. Yusuf, der junge Protagonist der Geschichte, denkt daraufhin wie folgt:

>»Yusuf thought it was the talk of an old man. No doubt there was wisdom in it, but it was a wisdom of endurance and impotence, admirable in its way perhaps, but not while the bullies are still sitting on you and releasing their foul gases on you.«[26]

Ich möchte auf dieses Problem hingewiesen haben, ohne es an dieser Stelle in gebührender Länge diskutieren zu können. Mir scheint es allerdings zu einfach, das eine gegen das andere ausspielen zu wollen. Wie der Mensch, der aus

Körper und Geist besteht, die man kaum voneinander zu trennen vermag, so sind auch innere und äußere Freiheit bis aufs Intimste miteinander verwoben. Was nützt mir all die äußere Freiheit, wenn ich innerlich der größte Sklave bin? Und sollte die innere Freiheit nicht dazu verwendet werden, das Äußere so zu beeinflussen und zu gestalten, dass sich die Freiheit auch dort in vollen Zügen entfalten kann, anstatt sie als Trostpflaster über die verletzten außerweltlichen Wunden zu kleben? Innere und äußere Freiheit synergetisch zusammenzubringen, darauf kommt es an, auch bezogen auf die Wirtschaft. Wie würde also eine Wirtschaft aussehen, die versucht, den Menschen desgleichen innerlich zu befreien, anstatt ihn zum Konsum zu manipulieren? Eine Wirtschaft, die um die Richtigkeit ihres Handels willen agiert und nicht den Ergebnissen habhaft werden möchte? Deren Ziel nicht länger allein das Individuum ist, sondern dessen Rückbindung an etwas Größeres, mag es nun die Gesellschaft sein, die Welt samt ihrer Lebewesen oder der Kosmos?

3.4 Freiheit durch Capabilities

Der letzte hier in aller Kürze vorgestellte und wahrscheinlich bekannteste Vorstoß qualitativer Freiheit ist der Capability-Ansatz, wie er von Amartya Sen (*1933) (und Martha Nussbaum [*1947]) entwickelt wurde. Unlängst hat sich diese Lehre durch die Vereinten Nationen im Index der menschlichen Entwicklung niedergeschlagen. Er dient als Alternative zum Bruttoinlandsprodukt, einem Maß, das sich alleine dem »Mehr« verschrieben hat und in vielerlei Hinsicht unzulänglich ist.[27] Der augenscheinlich mit Punkt v in Verbindung stehende Capability-Ansatz bzw. die damit einhergehende menschliche Entwicklung wird von Sen wie folgt beschrieben:

»Development can be seen, it is argued here, as a process of expanding the real freedom that people enjoy. [...] Development requires the removal of major sources of unfreedom: poverty as well as tyranny, poor economic opportunities as well as systematic social deprivation, neglect of public facilities as well as intolerance or overactivity of repressive states. Despite unprecedented increases in overall opulence, the contemporary world denies elementary freedoms to vast numbers – perhaps the majority – of people.«[28]

Der Grundgedanke ist, dass wir noch so viel (quantitative) Freiheit besitzen können, diese aber unnütz ist, wenn Menschen nicht dazu befähigt werden, von dieser Gebrauch zu machen. Was nützt mir etwa mein Wahlrecht, wenn ich den Stimmzettel nicht lesen kann? Es dreht sich also nicht nur um den Abbau von Hindernissen (negative Freiheit; vgl. ii), wie er oft von der quantitativen Freiheit forciert wird, sondern auch um die Fähigkeit, seinen eigenen Vorlieben nachzugehen (vgl. iii). Zu dieser Freiheit gehört ebenso die Befähigung, Wünsche bzw. Bedürfnisse zu hinterfragen. Sen unterscheidet dabei fünf »substantive freedoms«[29]: die des Politischen, des Ökonomischen, der Transparenz, die der sozialen Chancen und der Sicherheit. Dazu gehören zum Beispiel die Fähigkeiten, politischen Widerspruch ausüben zu können, wirtschaftliche Verteilung, Bildungswesen, Pressefreiheit und Sozialhilfe. Anders als Nussbaum legt er keine feste Liste dieser Verwirklichungschancen fest, vielmehr müssen sie sich durch den politischen Diskurs kristallisieren.

Dieser Ansatz ist insofern qualitativ, als er davon ausgeht, dass Menschen verschiedene Bedürfnisse haben, um ein erfülltes Leben zu führen. Selbstbestimmung steht hier im Vordergrund (vgl. i). Hierin zeigt sich zudem eine klare Kritik an dem eng mit dem quantitativen Denken verwobenen

Utilitarismus, der die Tendenz aufweist, Bedürfnisse zu nivellieren. Materielle Güter zeugen vielleicht von Wichtigkeit, sind aber nicht für alle überall das Entscheidende. Sprich, Menschen bemessen bestimmten Freiheiten andere Qualitäten bei. Eine Person mit körperlichen Behinderungen oder einer Krankheit hat andere Prioritäten als eine wohlverdienende Mutter mittleren Alters. Damit diese Vielfalt berücksichtigt werden kann, werden Menschen im Idealfall dazu befähigt, sich den für sie richtigen Freiheiten selbst zu ermächtigen.

4

Wie soeben dargelegt, nehmen qualitative Freiheiten verschiedene Ausprägungen an. Sie können spielerische, gar ästhetische Züge aufweisen, die innere Freiheit akzentuieren, sie in der Rückbindung suchen oder gerade das Subjekt mit seinen individuellen Belangen in den Fokus stellen. Welche qualitativen Freiheiten genau für die Wirtschaft von morgen vonnöten sind, wurde in diesem Gedankenanstoß nicht dargelegt und obliegt den Wirtschaftswissenschaftlern und anderen Akteuren. Sicher ist jedoch, dass uns ein rein quantitatives Verständnis nicht voranbringt, ganz im Gegenteil. Dieses Denken bescherte uns, wie Wordsworth sagen würde, »too much liberty« – too much wrong liberty, um genau zu sein. Nehmen wir uns also den Studenten zum Vorbild, der in einer Zitadelle nachdenklich über diesem Essay die Stirn in Falten legt und dabei eine besondere Qualität der Freiheit erfährt.

Anmerkungen

1 Charles Taylor, Quellen des Selbst. Die Entstehung der neuzeitlichen Identität, Frankfurt a. M. 1996, S. 178.

2 Otfried Höffe, Ethik. Eine Einführung, München 2013, S. 66 f.

3 Claus Dierksmeier, Qualitative Freiheit, Bielefeld 2016, S. 55. Ich bin auf die Unterscheidung zwischen quantitativer und qualitativer Freiheit durch Dierksmeier aufmerksam geworden. Besonders im 2. Teil sind daher viele Gedanken seinem Werk entlehnt.

4 Vgl. Harry G. Frankfurt, Freedom of the Will and the Concept of a Person, in: The Journal of Philosophy, 68 (1971), S. 5–20.

5 Steffen Mau, Das metrische Wir. Über die Quantifizierung des Sozialen, Berlin 2017.

6 John Stuart Mill, On Liberty, London 2010, S. 17. »That the only purpose for which power can be rightfully exercised over any member of a civilized community, against his will, is to prevent harm to others. His own good, either physical or moral, is not a sufficient warrant.«

7 Vgl. z. B. Iris Därmann, Agrikultureller Kapitalismus in South Carolina. John Lockes Kolonialphilosophie, in: Dies. (Hg.), Undienlichkeit. Gewaltgeschichte und politische Philosophie, Berlin 2020, S. 81–103.

8 Milton Friedman, Capitalism and Freedom, Chicago 2002, S. 9.

9 Vgl. Larry Diamond, Facing Up to the Democratic Recession, in: Larry Diamond et al. (Hg.), Democracy in Decline?, Baltimore 2015, S. 98–118, hier S. 98 f., und Francis Fukuyama, Identity. Contemporary Identity Politics and the Struggle for Recognition, London 2018, S. 3 f.

10 Larry Diamond, a. a. O.

11 Vgl. Claus Dierksmeier, a. a. O., S. 268.

12 Vgl. ebd., S. 314.

13 Ebd., S. 58. Vgl. hierzu auch Claus Dierksmeier und Michael Pirson, The Modern Coporation and the Idea of Freedom, in: Philosophy of Management, 9 (2010), S. 5–25.

14 Vgl. z. B. Thomas Pogge, The Health Impact Fund: Enhancing Justice and Efficiency in Global Health, in: Journal of Human Development and Capabilities, 13 (4), S. 1–23, und Krisha Kops, Von Impfstoffen und Patenten, in: taz, https://taz.de/Corona-und-die-Pharmaindustrie/!5684767/ (abgerufen am 19.07.2022).

15 Wunderbar besungen von Jayadeva in: Gītagovinda. Love Songs of Rādhā and Kṛṣṇa, New York 2009.

16 So heißt es beispielsweise in einem der Tempelgedichte von Tirupati: »When you're done with one puppet,/ another will be waiting./ Life is a play of shadows on the screen.« (Annamayya, God on the Hill. Temple Poems from Tirupati, Oxford 2005, S. 11.) Vgl. auch Śrīmad-Bhāgavatam III.26.4.

17 Vgl. v. a. Buch II in John Smith (Übers.), The Mahābhārata, London 2009.

18 Vgl. z. B. Gerhard Hüther und Christoph Quarch, Rettet das Spiel! Weil Leben mehr als Funktionieren ist, München 2016.

19 Nicht durch Zufall steht der Vordenker der Spieltheorie Ludwig von Mises (1881–1973) durch seinen Lehrer Friedrich August von Hayek (1899–1992) in der Tradition des quantitativen Denkens.

20 Friedrich Schiller, Über die ästhetische Erziehung des Menschen, Stuttgart 2013, S. 9.

21 Ebd., S. 11.

22 Ebd., S. 83. In der Null liegt eine Leere, die das Ganze in sich trägt und damit die absolute Freiheit. Vgl. dazu auch das buddhistische Konzept Śūnyatā.

23 Ebd., S. 62 f.

24 Die Sāṃkhya- respektive Yoga-Philosophie habe ich bereits an anderer Stelle ausführlicher in Beziehung zum qualitativen Freiheitsbegriff gesetzt: Vgl. Krisha Kops, Kaivalya oder Freiheit in Isolation, in: Peter Czoik, (Hg.), Dekameron 21.0 – Zehn Schlaglichter auf die Krise, Würzburg 2021, S. 111–124.

25 Thomas Jackson und Ramakrishna Puligandla, Freiheit in interkultureller Perspektive, Nordhausen 2008, S. 16.

26 Abdulrazak Gurnah, Paradise, London 2004, S. 224.

27 Vgl. z. B. Joseph E. Stiglitz et al., Mismeasuring Our Lives. Why GDP Doesn't Add Up, New York 2010. Paradoxerweise bemüht sich auch der Index der menschlichen Entwicklung darum, die Befähigungen zu quantifizieren, was daran liegt, dass qualitative Freiheit das Quantitative nicht per se ausschließt.

28 Amartya Sen, Development as Freedom, Oxford 2001, S. 3 f.

29 Ebd., S. 36 ff.

MARKT & MORAL

Digitale Ethik im Geist der Verbundenheit

Nicolas Dierks

Also stehen noch Tempel
Ein Stern hat wohl noch Licht.
Nichts, nichts ist verloren.

[Paul Celan]

Stellen Sie sich vor, plötzlich beschlagnahmt das Finanzamt alle Ihre Einkünfte und pfändet Ihre Konten. Was tun Sie? Wie lange reicht Ihr Bargeld, bevor Sie Familie oder Freunde um Geld bitten müssen?

Doch damit nicht genug: Sie werden der Steuerhinterziehung beschuldigt. Es werden Nachzahlungen plus Strafgebühren fällig – in vierfacher Höhe Ihres bisherigen jährlichen Steuerbetrages. Natürlich erheben Sie sofort Einspruch, doch wegen des hohen Arbeitsaufkommens beträgt die Bearbeitungszeit mehrere Monate. Bis dahin wird Ihre Situation nicht besser. Sie werden auf absehbare Zeit keine laufenden Kosten tragen können – keine Kreditraten, keine Krankenversicherung, keine Energiekosten, keine Miete.

So erging es 48.000 Bürgerinnen und Bürgern im US-Staat Michigan. Der Vorwurf lautete: Betrug beim Bezug von Leistungen der Arbeitslosenversicherung. Das neue *fraud detection system* der zuständigen Behörde hatte 2013 in einem automatisierten Prozess Einkünfte und Vermögen gepfändet. Die Forderungen an Rückzahlungen und Strafgebühren betrugen bis zu 187.000 US-Dollar. Für die Betroffenen folgten der Verlust der Kreditwürdigkeit, Bankrotterklärungen, Zwangsräumungen, Wohnungslosigkeit. Manche begingen Selbstmord. Eine staatliche Prüfung ergab später, dass das System in 93 Prozent der Fälle falsch gelegen hatte.

Dies ist kein Einzelfall. Ähnliche Systemfehler gab es in anderen US-Staaten, in Großbritannien und Australien. Im indischen Bundesstaat Jharkhand führte 2017 ein fehlerhaftes biometrisches Identifzierungssystem für den Bezug von Lebensmittelmarken zu einer Hungersnot unter Tausenden Familien.

Diese Beispiele zeigen: Der unbedachte Umgang mit digitaler Technologie kann schweren Schaden anrichten. Das gilt für den staatlichen, aber auch für den kommerziellen Bereich. Gerade in der Digitalwirtschaft geht es nicht nur um die Vermeidung von Schäden aufgrund von

Systemfehlern. Hier geht es auch um negative Effekte der ökonomischen Verwendung digitaler Technologie.

Dabei denken wir häufig zuerst an die großen Akteure, die *Big Five* (Google/Alphabet, Apple, Microsoft, Facebook/Meta und Amazon). Das glamouröse Instagram kann buchstäblich tödliche Folgen haben, etwa wenn der Algorithmus Mädchen, die zu Essstörungen neigen, immer tiefer in die Scheinwelt der nachbearbeiteten Bilder ultraschlanker Körper führt. Twitter (heute X), Facebook und YouTube stehen dem in nichts nach, wenn sie die politische Öffentlichkeit in bisher unbekanntem Maße polarisieren und radikalisieren. Aber die Frage, wie wir legitime ökonomische Interessen mit individuellen Rechten und dem Gemeinwohl in Einklang bringen, geht nicht nur die *Big Five*, sondern alle Organisationen an, die Daten und algorithmische Systeme verwenden. Bekannt sind mittlerweile die Probleme von Algorithmen mit *Biases* (Verzerrungen), etwa bei der Kreditvergabe oder im Recruiting. Sie können soziale Ungerechtigkeit zementieren oder sogar verstärken.

Es gibt eine gewisse Verführung dazu, moralische Überlegungen aus ökonomischen Gründen in den Wind zu schlagen. Warum benutzen so viele kommerzielle Webseiten und Apps manipulatives Design auf Grundlage von Verhaltenspsychologie? Weil es *funktioniert*. Laut einer von der EU-Kommission beauftragten Studie verwendeten 97 Prozent der untersuchten kommerziellen Webseiten sogenannte »Dark Patterns« (Bericht vom April 2022[1]). Damit sind Design-Praktiken gemeint, »die Verbraucher lenken, täuschen, zwingen oder manipulieren, damit sie Entscheidungen treffen, die oft nicht in ihrem Interesse sind«[2].

Als ich bei einem Vortrag einmal die moralische Perspektive solcher Praktiken ansprach, meldete sich jemand aus dem Bereich »E-Commerce« und fragte: »Heißt das jetzt etwa, dass wir diese ganzen effektiven Mittel nicht mehr benutzen dürfen?« – Nun, man darf effektive Mittel der legitimen Präsentation und Überzeugung benutzen, nicht aber unlautere Manipulation betreiben. Der Gegensatz besteht nicht zwischen Technik und Moral oder zwischen Ökonomie und Moral. Es geht um ökonomisches Handeln durch Technologie, das den gleichen moralischen Prinzipien folgen sollte, deren Beachtung wir auch sonst voneinander erwarten.

In diesem Essay möchte ich zeigen, dass der vermeintliche Gegensatz zwischen ökonomischem und moralischem Handeln nur oberflächlich besteht oder auf Situationen beschränkt ist, die nicht repräsentativ für die meisten Entscheidungen sind, vor denen wir stehen. Stattdessen gibt es eine tiefe Affinität zwischen ökonomischem und moralischem Handeln, die uns intuitiv zugänglich ist und die wir aus guten Gründen wichtig nehmen sollten.

Aber zunächst möchte ich behaupten: Ein harter Gegensatz zwischen Wirtschaft und Moral lässt sich kaum vertreten. Die Wirtschaft kann gar nicht aus der Moral aussteigen.

Warum auch die Wirtschaft nicht aus der Moral aussteigen kann

Solange jemand Teil einer Gemeinschaft ist, kann er aus der kollektiven Moral nicht aussteigen. Mit »Moral« sind hier die grundlegenden Prinzipien des zwischenmenschlichen Verhaltens gemeint, wie Respekt und Fairness. Weiter unten werde ich das genauer erläutern, aber zunächst müssen wir uns die allgemeine Geltung der Moral vor Augen führen. Darin unterscheidet sich Moral von anderen sozialen Regelsystemen, wie etwa Fußball.

Solange eine Person Fußball spielt, gelten für sie die Regeln des Fußballs. Wenn sie die Regeln verletzt, gibt es nicht nur Sanktionen durch die Person des Schiedsrichters, sondern auch soziale Gefühle wie Empörung vom Publikum und anderen Spielern. Aber wenn die Person sich entscheidet, nicht Fußball zu spielen, dann wird ihr Verhalten auch nicht nach den Regeln des Fußballs beurteilt.

Bei der gesellschaftlichen Moral ist das anders: In einer Gemeinschaft sind die grundlegenden Prinzipien von Respekt und Fairness unhintergehbar. Wer Teil der Gemeinschaft ist und sich in ihr bewegt, der kann aus diesen moralischen Prinzipien nicht einfach aussteigen. Selbst wer sich physisch außerhalb der Gemeinschaft bewegt, bleibt in ihrer Moral und wird moralische Gefühle wie Scham und schlechtes Gewissen empfinden, solange er oder sie sich als Mitglied der Gemeinschaft begreift.

Es gibt nur einen Weg, nicht mehr der Moral der Gemeinschaft unterworfen zu sein: außerhalb ihrer zu leben und sich nicht mehr als Mitglied zu begreifen. Es ist zwar möglich, dass jemand innerhalb der Gemeinschaft lebt, ohne sich als eines ihrer Mitglieder zu begreifen. Jedoch endet seine Freiheit der Entscheidung dort, wo die der anderen beginnt, sprich: Die anderen werden sein Handeln nach wie vor nach den gemeinsamen Prinzipien von Respekt und Fairness beurteilen – und dies ist dann (und nur dann) legitim, insofern es um den Selbstschutz der Gemeinschaft geht.

Natürlich brauchen wir moderne Menschen bei diesen Gedanken sofort eine wichtige Präzisierung: Es handelt sich bei einer modernen Gesellschaft der Idee nach nicht um eine kollektivistische, konformistische Gesellschaft, sondern um eine plurale, solidarische Gemeinschaft freier Menschen. Die gemeinsame Moral besteht also in Prinzipien, auf die sich Menschen sehr unterschiedlicher Hintergründe und Lebensweisen einigen können müssen. Das macht die Aufgabe gesellschaftlicher Kooperation anspruchsvoll und manchmal schwierig. Aber diese moderne Vorstellung einer Gesellschaft meint gerade keine bloße Ansammlung egoistischer Individuen. Sie meint eine Gemeinschaft von Menschen, die eigenständig *und* verantwortlich im Geiste der Verbundenheit handeln.

Dies gilt auch für die Akteure der Wirtschaft – und für viele ist es selbstverständlich. Wer sich geschäftlich in unserer Gesellschaft bewegt, egal in welcher organisationalen Rolle, der richtet sich üblicherweise nach den grundlegenden moralischen Prinzipien. Bevor ich etwas dazu sage, warum es manchmal anscheinend anders läuft, möchte ich noch einen Punkt hervorheben, der bisweilen vergessen wird: Der Tauschhandel stiftet soziale Bindungen.

Moral ist das Fundament vertrauensvoller Beziehungen

Wir müssen ökonomisches Handeln nicht nur so betrachten, als ob es moralisch ständig unter Kontrolle gehalten werden müsste. Richtig verstanden kann ökonomisches Handeln vertrauenswürdige Beziehungen stiften. Zwei Klassiker der Ethnologie, der Franzose Marcel Mauss (1872–1950) und der gebürtige Pole Bronisław Malinowski (1951–1981), haben Formen des Tauschhandels in menschlichen Kulturen erforscht. Ihre Forschungen zeigen, dass der Tauschhandel soziale Bindungen konstituiert. Er bringt verschiedene Stämme etwa dazu, miteinander Umgang zu pflegen und friedlich zu koexistieren. Kriegerische Auseinandersetzungen, bei denen moralische Prinzipien verletzt werden, ziehen den Tauschhandel sofort in Mitleidenschaft.

Diese Forschungen geben uns einen Hinweis, wie tief moralische Prinzipien in unseren zwischenmenschlichen Beziehungen verankert sind. Ohne sie sind bestimmte Arten von Beziehungen gar nicht möglich. Machen wir es uns klar am Beispiel der wahren Freundschaft.

Wir haben vielleicht unterschiedliche Vorstellungen von einer wahren Freundschaft, aber die meisten würden vermutlich übereinstimmen, dass wahre Freundschaft von tiefem Vertrauen getragen ist. Schon der römische Stoiker Seneca (ca. 1–65) schrieb in den *Briefen an Lucilius:*

»Gehe lange mit dir zu Rate, ehe du einen dir zum Freunde machst. Bist du schlüssig geworden, so schenke ihm auch dein ganzes Herz, rede so getrost mit ihm wie mit dir selbst.«[3]

Dieses tiefe Vertrauen hat sein Fundament darin, dass man überzeugt ist, dass der Freund moralische Überlegungen wichtig nimmt und ihnen gemäß handeln wird. Er wird einen nicht verraten, betrügen oder Schlimmeres.

Manchmal sagen wir, ein wahrer Freund würde alles für einen tun. Nehmen wir nun an (das Beispiel stammt von Thomas Scanlon [*1940])[4], wir brauchen eine neue Niere. Es findet sich bisher kein Spender. Was, wenn unser Freund uns verkündet, er habe uns eine Niere »besorgt« – und zwar indem er jemanden gekidnappt und sie dem unfreiwilligen Spender mithilfe eines schweigsamen Arztes entnommen habe? *Das* haben wir mit »alles für einen tun« nicht gemeint, oder?

Wir wären nicht nur schockiert über die Handlung, wir würden uns auch fragen, ob wir diesen Menschen bisher falsch eingeschätzt haben. Vielleicht erfahren wir erst jetzt, dass er der Boss eines Mafiarings ist – und das würde unsere »Freundschaft« in ein anderes Licht stellen. Der Mafiaboss verletzt ohne schlechtes Gewissen grundlegende moralische Prinzipien, etwa die Würde und körperliche Unverletzlichkeit anderer Menschen. *Jetzt* ist er freundlich zu uns – aber was, wenn wir bei ihm in Ungnade fallen? Unser Vertrauen ist erschüttert und deshalb auch unsere Freundschaft.

Wahre Freundschaft ist von moralischen Prinzipien geprägt – denen die beiden Freunde aber nicht nur in ihrer Beziehung zueinander folgen, sondern auch in ihrem allgemeinen Verhalten. Mit jemandem, der grundlegende moralische Prinzipien nicht anerkennt, können wir nicht dieselbe Art von vertrauensvoller Beziehung haben wie mit jemandem, der das tut.

Machen wir uns die tiefe Bedeutung dieses Zusammenhangs klar: Wir vertrauen nur solchen Menschen, die Moral wichtig nehmen. Und nur wenn wir selbst Moral wichtig nehmen, sind andere bereit, mit uns vertrauensvolle Beziehungen dauerhafter Kooperation einzugehen. Das gilt nicht nur für Freundschaften, sondern auch für gute Beziehungen zu Mitarbeitenden, Kundinnen und Kunden sowie Geschäftspartnerinnen und Geschäftspartnern. Auch in der Wirtschaft sind gute Beziehungen moralisch fundiert.

Aber wenn gute Beziehungen auch in der Wirtschaft moralisch fundiert sein müssen, wie kann es dann passieren, dass ökonomisches und moralisches Denken häufig als Gegensätze aufgefasst werden? Vielleicht hat es mit einem Missverständnis der Grundlagen unserer Auffassung über »ökonomische Logik« zu tun.

Für Adam Smith war der Markt moralisch

Es könnte sein, dass die Auffassung, der freie Markt folge eigenen Gesetzen und Moral sei nicht Teil des ökonomischen Denkens, auf ein verzerrtes Verständnis eines der einflussreichsten ökonomischen Werke überhaupt zurückgeht. Seit Adam Smith (1723–1790) im Jahre 1776 sein zweites Hauptwerk *The Wealth of Nations* publizierte, wurde es nicht nur für die Wirtschaftswissenschaften zentral, indem er die ökonomische Logik aus dem Verbund mit Politik und Ethik herauslöste und so die Ökonomie als eigenständige Disziplin begründete. Darüber hinaus floss Smiths Figur des *Homo oeconomicus* in das Selbstverständnis vieler Wirtschaftsakteure ein. Smith konstruierte hier einen ökonomisch denkenden und handelnden Menschen, der bestrebt ist, den eigenen Nutzen rational zu maximieren. Dem entnahmen viele die Überzeugung: Im Wettbewerb des freien Marktes ist sich jeder selbst der Nächste.

Doch das ist ein Missverständnis: Man versteht Smiths Werk erst dann adäquat, wenn man seine beiden großen Hauptwerke – *The Wealth of Nations* und *The Theory of Moral Sentiments* (1759) – gemeinsam betrachtet. Erst dann ergibt sich das vollständige Menschenbild bei Smith, das ökonomisches und moralisches Denken verbindet. Es ist das Bild einer Wirtschaft, die auch moralische Überlegungen wichtig nimmt.

Smith betrachtet den Menschen als ein soziales Wesen. Ein wichtiges Band der Gesellschaft nennt Smith »Sympathie«. Damit meint er die Fähigkeit, sich in andere hineinzuversetzen, verbunden mit der Tugend der nachsichtigen Menschlichkeit. Aus dieser Sympathie erwachse auch unsere moralische Urteilsfähigkeit. Mit ihr beurteilen wir die

Handlungen anderer sowie unser eigenes Verhalten, so Smith. Und weil wir uns bewusst seien, dass auch die anderen unsere Handlungen moralisch beurteilen, betrachteten wir uns schon vor dem Handeln (gewissermaßen im Spiegel) durch die Augen der anderen – aus der Position eines »unparteiischen Beobachters«. Dabei gehe es jedoch nicht nur darum, für moralkonformes Verhalten gelobt zu werden oder daraus Nutzen zu ziehen. Vielmehr wollten wir tatsächlich moralisch löblich handeln. Allerdings brauchen wir unser Eigeninteresse Smith zufolge nicht zu vernachlässigen – wir müssen es nur mit den moralischen Regeln der Gesellschaft abstimmen. Sonst würden wir egoistisch handeln.

Auch wenn manche Ökonomen immer noch anderes behaupten, gibt es in der Forschung zu Adam Smith inzwischen einen breiten Konsens: Adam Smith vertrat *kein* egoistisches Menschenbild.[5] Er beschrieb legitimes Eigeninteresse als *einen* wichtigen Faktor wirtschaftlichen Handelns. Genau wie egoistisches Verhalten in der *Theory of Moral Sentiments* nicht ausgeschlossen ist, so ist altruistisches Verhalten in *The Wealth of Nations* nicht ausgeschlossen. Und gerade ökonomisches Handeln ist für Smith nicht frei von Moral: Die Basis ist für ihn der *gerechte Tausch*. Nicht radikaler Eigennutz, sondern »ein guter Tausch« sei das Ziel.

Dass beide Geschäftspartner einen guten Tausch als Ziel haben, macht für sie Sinn, da sie auch zukünftig mit dem anderen Tauschhandel betreiben wollen (*Loyalität*). Und sie wollen auch gesellschaftlich als jemand gelten, mit dem man guten Tauschhandel betreiben kann (*Image*). Man könnte sagen: Moralisch richtiges Handeln belebt das Geschäft.

Damit ist der vermeintliche Gegensatz zwischen ökonomischem und moralischem Denken und Handeln aufgelöst: Legitimes ökonomisches Eigeninteresse ist Teil des

Menschen als eines sozialen Wesens, das Teil einer Kooperationsgemeinschaft auf der Grundlage von moralischen Normen ist.

Das Menschenbild, das Adam Smith uns überlieferte, war das eines sozialen, moralischen Wesens. Es verfolgt als freies Wesen auch seinen Eigennutz, folgt dabei aber aus guten Gründen den moralischen Prinzipien der Gemeinschaft. Und dennoch hat das Missverstehen von Smiths Figur des Homo oeconomicus und der Beschreibung »reiner ökonomischer Logik« auch amoralischen Tendenzen Vorschub geleistet. Tatsächlich gibt es dabei Ähnlichkeiten zu einer Gefahr, der moralische Prinzipien schon seit Jahrtausenden ausgesetzt sind: Manche Denksysteme setzen den moralischen Standpunkt überhaupt außer Kraft. Wie kann das geschehen?

Wann wird legitimes ökonomisches Interesse zum Fanatismus?

Menschliche Freiheit besteht auch darin, manche Dinge zwar tun zu sollen, aber anders handeln zu können. Moralische Wesen zeichnen sich gewissermaßen dadurch aus, dass sie auch moralisch falsch urteilen und handeln können. Manche Denksysteme enthalten eine strukturelle Relativierung des moralischen Standpunktes, indem sie »moralisch richtiges« Handeln von der individuellen Urteilsfähigkeit über Respekt und Fairness abkoppeln. Das passiert zum Beispiel dann, wenn Handlungen nicht deshalb als moralisch richtig gelten, weil die Gründe dafür einleuchten, sondern weil es sich um Gebote handelt. Solche autoritären oder konformistischen Morallehren beruhen nicht auf moralischer Einsicht, sondern auf *Gehorsam*.

Kurt Bayertz (*1948) hat dies in *Warum überhaupt moralisch sein?* (2014) am Beispiel von *theonomen* religiösen Morallehren erläutert. Ich führe es hier für das ökonomische Denken aus. Die Analogie zwischen theonomer und »ökonomer« (nicht »ökonomischer«, sondern hier: »dem Gesetz der Wirtschaft gehorchend«) Lehre besteht darin, dass sie Gehorsam gegenüber den Geboten bestimmter (vermeintlicher) Autoritäten abfordern.

Dies stellt die Relativierung der Moral dar, denn durch die Entkoppelung des Handelns von eigner moralischer Einsicht und persönlichem Gewissen werden Abspaltungen von den Quellen menschlicher Moralität möglich. Während also bei Adam Smith das ökonomische Handeln und auch das legitime Eigeninteresse moralischen Prinzipien folgen, ermöglicht nun deren Relativierung den Weg zum ökonomischen Fanatismus.

Fanatismus meint hier die Legitimierung von Handlungen gegen die Moral. Eine Legitimierung im ökonomischen Denken ist etwa die Einsetzung einer »höchsten Autorität« durch das unbeschränkte Primat des *Shareholder-Value,* wie es der »Friedman-Doktrin« entspricht.

Milton Friedman (1912–2006) war der Star-Ökonom der 1980er-Jahre und Berater von Ronald Reagan und Margaret Thatcher. Er sagte in einem Interview:

»Die Frage ist also, ob Führungskräfte von Unternehmen, sofern sie sich an die Gesetze halten, bei ihren geschäftlichen Aktivitäten eine andere Verantwortung haben als die, so viel Geld wie möglich für ihre Aktionäre zu verdienen. Und meine Antwort darauf lautet: Nein, haben sie nicht.«[6]

Damit rückt der Gehorsam gegenüber dem Imperativ der Gewinnmaximierung (ähnlich wie der blinde Gehorsam gegenüber religiösen Geboten) an die Stelle eigener moralischer

Überlegungen. Ähnlich wie Abraham auf Befehl seinen Sohn Isaak getötet hätte, so sind bisweilen auch Menschen in ökonomischen Machtpositionen auf Befehl zu Opfern bereit.

Betrachten wir einen Aspekt digitaler Transformation, den man als ein Update des ökonomischen Fanatismus betrachten kann. Shoshana Zuboff (*1951) hat in *The Age of Surveillance Capitalism* (2017) das neue Geschäftsmodell beschrieben, das durch Google etwa 2008 entwickelt wurde und seither die Tech-Branche revolutioniert hat.

Den meisten dürfte es bekannt sein: Google sammelt Nutzerdaten und personalisiert durch die Auswertung dieser Daten den Service der Suchmaschine. Das Geschäftsmodell besteht aber in etwas anderem: Nebenbei aufgefangene Verhaltensdaten der Nutzer werden gesammelt und daraus Modelle zur Vorhersage des zukünftigen Verhaltens der Nutzer generiert. Diese Vorhersagen aufgrund von kostenlos »geschürften« Nutzerdaten sind die Grundlage des eigentlichen Geschäftsmodells, das Google (bzw. Alphabet) innerhalb von zwölf Jahren zum zweitwertvollsten Unternehmen der Welt gemacht hat (nach Apple). Diese Daten ermöglichen inzwischen auf Grundlage von Verhaltenspsychologie im digitalen Design nicht nur die Vorhersage, sondern auch die effektive Beeinflussung des Verhaltens der Nutzer.

Mit dem Anwachsen der Datenmenge werden die Vorhersagen unseres Verhaltens immer exakter. Deshalb wird dieses Geschäftsmodell von einem neuen Imperativ geleitet: der Maximierung der Datenmenge. Der bedingungslose Gehorsam gegenüber diesem Imperativ ist eine Relativierung der Moral, die vielleicht spezifisch ist für die digitale Domäne.

Eine Relativierung der gesellschaftlichen Moral ist inakzeptabel – Mitglieder der Gemeinschaft können nicht einfach aus der Moral aussteigen. Wie kann die Relativierung dann aufrechterhalten werden? Nur durch Gewalt, Intransparenz, Täuschung oder Verschleierung.

In diesem Fall spielten mehrere Faktoren eine Rolle: Die fehlenden gesetzlichen Regulierungen über die neuen digitalen Geschäftsmodelle einerseits. Andererseits die Unkenntnis innerhalb der Zivilgesellschaft und der politischen Öffentlichkeit über diese Zusammenhänge und die Folgen für Wirtschaft und Gesellschaft. Das wird allerdings in der heutigen vernetzten Welt schwieriger. Aufgeklärte Gemeinschaften reagieren empfindlich auf die Verletzung der Prinzipien guter Kooperation. Gerade die Form von Demokratie, Rechtsstaat und politischer Öffentlichkeit begünstigt die moralische Urteilsbildung auch in größeren Gemeinwesen.

Der Geist der Verbundenheit und die Naturgeschichte der Moral

Wie können wir uns also auf das ökonomische Denken besinnen, das auch moralischen Prinzipien folgt, und es stärken? Erinnern Sie sich an die Unmöglichkeit einer vertrauensvollen Beziehung mit dem Mafiaboss. Nur mit moralischen Menschen sind wir gewillt, uns auf eine dauerhafte Kooperation einzulassen. Und nur wenn wir selbst Moral wichtig nehmen und dementsprechend handeln, sind andere bereit, mit uns Beziehungen dauerhafter Kooperation einzugehen. Das führt zu einem besseren Ergebnis für alle. Darüber hinaus betrifft es auch die Qualität unserer zwischenmenschlichen Beziehungen – die sich in einem Gefühl der Verbundenheit zeigt.

Mit »Verbundenheit« meinen wir üblicherweise ein Gefühl der Zusammengehörigkeit oder Zugehörigkeit, der emotionalen, vertrauensvollen Nähe. Etwas altbacken sagen wir auch: »Ich bin Ihnen sehr verbunden.« Wir meinen damit, dass wir dieser Person dankbar und irgendwie verpflichtet sind. Das Wort »verbunden« geht auf das Althochdeutsche »bintan« zurück, was so viel wie »durch Umwickeln zusammenhalten« meinte.

Dieses Gefühl der Verbundenheit ist sehr empfindlich gegenüber Störungen. Zumindest ein Teil dieser möglichen Störungen findet in der moralischen Dimension statt. Hier sind wir, ähnlich wie auf die alltägliche Frage »Wie geht es Dir?«, spontan zu einem Gesamtgefühl in der Lage. Anders als bei der alltäglichen Frage erspüren wir hier aber nicht unsere Gesamtbefindlichkeit, sondern wir haben ein Gesamtgefühl dazu, was unsere Beziehung mit jemandem oder etwas angeht: einer Person, einer Gruppe oder Gemeinschaft, der Menschheit oder allem Lebendigen. Die Stärke des Gefühls der Verbundenheit liegt darin, dass wir etwas sehr Komplexes schnell und intuitiv erfassen können (auch wenn wir dabei nicht immer richtigliegen). Betrachten wir diese Komplexität unserer Moralität etwas genauer.

Die Komplexität unserer Moralität ist darin begründet, dass sie mehrere Quellen hat. Ich möchte das mit einem kleinen Ausflug in die evolutionäre Anthropologie verdeutlichen. In *A Natural History of Human Morality* (2016) hat Michael Tomasello (*1950), ehemals Direktor am Max-Planck-Institut für evolutionäre Anthropologie in Leipzig, drei Stufen beschrieben, in der sich menschliche Moralität entwickelt hat:

- Mitgefühl,
- Respekt und
- Fairness.

Für jede Stufe möchte ich andeuten, wie wir sie beim Umgang mit digitaler Technologie berücksichtigen können.

Empathie als Verbundenheit angesichts des anderen

Die evolutionär älteste Stufe ist die Moralität des Mitgefühls. Dass Kleinkinder schon im vorsprachlichen Alter spontan helfen, ist inzwischen gut dokumentiert. Umfangreiche Studien zeigen auch, dass Schimpansen genauso wie wir Menschen Mitgefühl haben können – allerdings nur wenn die Bedingungen stimmen, wenn nicht etwa um Futter konkurriert wird. Und auch andere Spezies entwickeln Mitgefühl, etwa Delfine. Die Fähigkeit zu Mitgefühl haben wir Menschen also mit anderen Spezies gemein.

Das Mitgefühl wird anscheinend besonders dann erweckt, wenn wir ein bedürftiges Wesen in Not wahrnehmen. Im Umkehrschluss bedeutet das: Wenn wir nicht wahrnehmen, dass Menschen in Not sind (vielleicht sogar durch unsere Beteiligung), dann wird unser Mitgefühl seltener erweckt. Und hier liegt eine Gefahr der digitalen Technologie: Sie erhöht die »Distanz« zwischen Menschen.

Das bemerken wir daran, dass Menschen sich etwa auf sozialen Plattformen tendenziell ruppiger und respektloser verhalten, als sie das tun würden, wenn sie demselben Menschen gegenüberstehen würden. Und auch im Handeln von Organisationen sind die Arbeitsbereiche bei der Entwicklung und beim Einsatz digitaler Technologie häufig so weit von konkreten Begegnungen mit den Betroffenen entfernt, dass deren Schädigung kaum das Mitgefühl oder das schlechte Gewissen auslöst, das man erleben würde, wenn man ihnen die Schädigung direkt zufügen würde.

Das bedeutet: Besser schon bei der ersten Planung die Perspektive der verschiedenen Betroffenen mitdenken und wahrnehmbar machen. Bei der Entwicklung sollten dann die Betroffenen (Stakeholder) konkret einbezogen werden – wobei es inzwischen verschiedene Methoden der Partizipation gibt. Und letztlich muss es ein Feedback aus der Perspektive der Betroffenen an die Organisation geben. Den involvierten Mitarbeitenden sollte die Erlebnisperspektive der Betroffenen so konkret wie möglich zugänglich gemacht werden.

Wenn dies aufrichtig und konsequent gemacht wird, dann vollzieht man damit wichtige Schritte bei der Integration unserer menschlichen Moralität ins Handeln der Organisation. Gleichzeitig ermöglicht man den Menschen in der Organisation auch, ihr berufliches und ihr moralisches Selbstverständnis zu vereinen – ein wichtiger Zug integrer Persönlichkeiten.

Kommen wir zur zweiten Stufe in der evolutionären Entwicklung menschlicher Moralität: gegenseitiger Respekt bei der Kollaboration.

Respekt als Verbundenheit mit dem Partner

Vor etwa 400.000 Jahren haben Menschen gelernt, auf der Grundlage einer gemeinsamen Verpflichtung mit einem beliebigen anderen zu kollaborieren. Erstaunlicherweise handelt es sich dabei nicht nur um die Pflege und den Schutz des Nachwuchses (was es auch bei anderen Spezies gibt). Es geht noch nicht einmal zwingend um jemanden aus dem engen Familienkreis. Es bietet sich die Gelegenheit einer Kollaboration und beide Partner gehen situativ eine gemeinsame Verpflichtung ein.

Schimpansen tun das nicht. Der Grund ist die spätere »Verteilungsungerechtigkeit«. Schwächere Schimpansen kollaborieren niemals mit stärkeren Schimpansen, weil sie wissen, dass der Stärkere anschließend die Früchte der Zusammenarbeit allein beansprucht und sie selbst leer ausgehen.

Aber wir Menschen haben gelernt: Gemeinsam erreichen wir mehr, aber Schwächere haben nur Grund zur Kollaboration, wenn die Stärkeren ihnen ihren Anteil zugestehen. Ein wesentlicher Teil des evolutionären Erfolges unserer Spezies beruht darauf, dass wir gegenseitigen Respekt wichtiger genommen haben als das »Recht« des Stärkeren.

Die Stärke der Kollaboration besteht nicht nur im Zusammenschluss zweier Individuen, sondern auch in der Ergänzung zweier Rollen (die prinzipiell austauschbar sind). Es bildet sich ein gemeinsames Verständnis dieser Rollen und was es bedeutet, sie *gut* auszuführen. Da beide Grund haben, gut kollaborieren zu wollen, besteht auch ein gegenseitiger Anspruch, die jeweilige Rolle möglichst gut zu erfüllen. Wer seine Rolle nicht so gut erfüllt, wie er oder sie könnte, schuldet dem Partner mindestens eine Begründung.

Stellen Sie sich vor, Sie haben gerade mit jemandem beschlossen, gemeinsam einen Spaziergang zu machen. Sie sind eine Weile unterwegs, als der andere plötzlich abbiegt und in eine andere Richtung weggeht, ohne ein Wort oder sich noch einmal umzudrehen. Würden Sie sich nicht wundern? Dass Sie sich fragen, was los ist, und vom anderen zumindest eine kurze Erklärung verlangen (und sich darin berechtigt sehen), ist Ausdruck der gemeinsamen Verpflichtung, die sie bei der Verabredung eingegangen sind.

So wie wir uns freiwillig für eine Zusammenarbeit entscheiden, so können wir sie auch aufkündigen – solange wir dabei den gegenseitigen Respekt wahren. Und das tun wir, indem wir eine Begründung geben, die der andere (prinzipiell) einsehen kann. Vielleicht sagt der andere beim Spaziergang: »Entschuldige, mir ist gerade eingefallen, dass ich dringend etwas erledigen muss. Wollen wir uns stattdessen nachher im Café treffen?« Und dafür hätten wir Verständnis. Das ist die Kraft der Gründe, die unsere Verbundenheit in gegenseitigem Respekt wahrt, auch wenn wir eine gemeinsame Verpflichtung aufkündigen.

Betrachten wir die Moralität des Respekts und diese Struktur der gemeinsamen Verpflichtung exemplarisch im Bereich des digitalen Designs von kommerziellen Webseiten. Wann handelt es sich um legitimes Überzeugen der Nutzer, wann handelt es sich um unlautere Manipulation?

Die Designer von kommerziellen Webseiten haben ein legitimes ökonomisches Interesse, dass Besucher ihrer Webseite bestimmte Entscheidungen treffen, zum Beispiel ein Produkt zu kaufen, einen Service in Anspruch zu nehmen, den Newsletter zu abonnieren. etc. Deshalb ist es üblich, den Nutzern diese Entscheidungen so einfach und ansprechend wie möglich zu machen. Problematisch wird es dann, wenn es den Nutzern schwer gemacht wird, sich *nicht* dafür zu entscheiden.

Betrachten wir eine bestimmte Strategie im Design von Webseiten, die von der EU-Kommission als »dark pattern« klassifiziert wurde: das *roach motel*. Worum handelt es sich dabei?

Eigentlich ist »Roach Motel« eine US-amerikanische Marke für Insektenfallen – und zwar für Kakerlaken (cockroach). Der Slogan der Marke lautet: »They check in, but they never check out.« Die Kakerlaken werden angelockt, verlassen die giftige Falle aber nicht mehr lebend. Ähnlich ist die Strategie des *roach motel* beim Webdesign: Der Besucher der Webseite gerät sehr leicht in eine bestimmte Situation, aber schwer wieder hinaus. Beispiel: Er findet etwas Zusätzliches in seinem »Einkaufskorb«, das er nie ausgewählt hat, aber nur schwer wieder entfernen kann (z. B. eine Zusatzversicherung, die in einem Kästchen vorausgewählt war, das leicht zu übersehen ist). Verdeutlichen wir uns, inwiefern diese vorstrukturierte Interaktion gegenseitigen Respekt vermissen lässt.

Betrachten wir den Besuch der Webseite für einen Moment als gemeinsamen Spaziergang des Webdesigners und des Besuchers der Webseite. Auch wenn Design und Besuch der Webseite zeitversetzt vor sich gehen, so kann man es doch als eine Kollaboration betrachten und damit als das Eingehen einer gemeinsamen Verpflichtung des gegenseitigen Respekts. Stellen Sie sich jetzt vor, beim gemeinsamen Spaziergang hätte der eine ein Interesse daran, dass der andere mit ihm zu einem bestimmten Ort geht. Es ist völlig in Ordnung, dem anderen davon zu erzählen und ihn davon überzeugen zu wollen, dorthin zu gehen. Aber die Praxis des *roach motel* funktioniert anders: Der Designer würde den Besucher möglichst in die Richtung des Ortes leiten, ohne dass dieser es merkt. Und er würde ihn von abweichenden Wegen ablenken, ihm sogar manche Wege versperren. Würden Sie das gerne mit sich machen lassen?

Wenn wir die abstrakte Strategie des *roach motel* in den bekannten Kontext des gemeinsamen Spaziergangs übersetzen, dann wird uns schnell einsichtig, was uns daran stören sollte: Es werden zwei Aspekte des gegenseitigen Respekts in Kollaborationen verletzt. Erstens wird die Freiwilligkeit der Entscheidung des Besuchers absichtlich unterlaufen. Und zweitens wird gegen die gemeinsame Verpflichtung verstoßen, ohne die Begründung zu geben, die beide Partner dem anderen bei Verstößen schuldig sind.

Wenn wir den Vergleich mit dem Spaziergang weiterdenken, dann können wir uns auch über legitimes Webdesign klar werden. Die Nutzer müssen sich zu jedem Zeitpunkt freiwillig entscheiden können, was sie gerade tun. Eine Leitlinie kann hier sein, wenn sich Designer schon früh bei der Konzeption einer Webseite fragen: Kann ich es den Nutzern offenlegen und erklären? Wie würden die Nutzer darauf reagieren?

Damit haben wir zwei evolutionäre Stufen unserer menschlichen Moralität behandelt: Mitgefühl und Respekt. Kommen wir zur dritten Stufe: der Moralität der Fairness.

Fairness als Verbundenheit der Gemeinschaft

Die dritte evolutionäre Stufe von Moralität betrifft kooperierende Gruppen von Menschen. Sobald Menschen in Gruppen von hundert oder mehr Individuen lebten, hatte nicht mehr jeder gleichviel mit jedem zu tun, kannte vielleicht nicht jeder jeden so gut wie seine engeren Vertrauten. Aber dennoch fühlten sich alle einander zugehörig – so wie noch heute in größeren sozialen Gemeinschaften.

Auf dieser Grundlage entwickelten Menschen vor etwa 150.000 Jahren eine kollektive Moral. Die gemeinsame Verpflichtung in der Kooperation galt jetzt nicht nur einem einzelnen Partner, sondern der ganzen Gruppe gegenüber. Es gab ein gemeinsames »Wir-Gefühl«. Und die Gruppe hatte eine Übereinstimmung darin, etwas Bestimmtes erreichen zu wollen – eine gemeinsame, kollektive Absicht.

Bei dieser Entwicklung muss es sich um einen tiefen Wandel gehandelt haben. Nun wurden nicht nur Kollaborationen mit Partnern eingegangen, sondern man wurde in eine kollektive, gemeinsame Verpflichtung hineingeboren und wuchs darin auf. Und die Ansprüche, die aus der gemeinsamen Verpflichtung erwuchsen, galten nicht nur den unmittelbaren Partnern, sondern der Gruppe gegenüber. Wenn jemand eine Verletzung der kollektiven Moral beobachtete, dann konnte er dies nun tadeln und eine Begründung verlangen, auch wenn er gar nicht unmittelbar beteiligt war. Jeder von uns kennt diesen Impuls, sich zu äußern, wenn wir eine Ungerechtigkeit miterleben.

Auf dieser Stufe der kollektiven Moral geht es im Wesentlichen um Fairness. Das hat teilweise mit der Verteilung der Früchte der gemeinsamen Arbeit zu tun, aber auch mit dem sozialen Status und der Anerkennung der Mitglieder untereinander sowie mit der Art und Weise, wie in der Gruppe Entscheidungen getroffen werden. Dass diese kollektive Moral gewahrt bleibt, ist zentral für den Zusammenhalt der Gruppe – würde es zu Spaltungen kommen und Mitglieder die Kooperation aufkündigen, wäre das schlechter für alle. Fairness für alle fördert hingegen die Kooperation und ist besser für die gesamte Gruppe. Es mag auch Wettbewerb innerhalb der Gruppe geben, aber die Gruppe hat Grund, dafür zu sorgen, dass dabei die moralischen Grundprinzipien gewahrt bleiben – wie etwa im sportlichen oder kreativen Wettstreit. Deshalb entwickelt die Gruppe eine Ökonomie der moralischen Gefühle, die diese Prinzipien und damit die Kooperation stabilisieren: öffentliche Empörung und individuelles schlechtes Gewissen.

Besonders in modernen, pluralen Gesellschaften ist dies zu einer großen Herausforderung geworden, weil die Kooperation nicht durch eine Moralität der einfachen Konformität oder des Gehorsams aufrechterhalten werden kann. Stattdessen bedarf es einsichtiger Gründe, die sowohl in öffentlichen

Diskursen als auch in der individuellen Urteilsbildung erkannt, reflektiert und evaluiert werden müssen. Besonders im Bereich der komplexen und dynamischen Entwicklung der digitalen Technologie und ihrer Verwendung im ökonomischen Bereich ist dies eine wichtige, andauernde Aufgabe – etwa bei der Eliminierung systematischer Ungerechtigkeit.

Die ethische Betrachtung von Datengebrauch und Algorithmen in Verwaltung und Wirtschaft ist eine zentrale Ebene der Gestaltung unserer digitalen Zukunft. Natürlich müssen wir die moralische Urteilsfähigkeit von Einzelnen in jeder Hinsicht ermöglichen und fördern. Aber wenn es um gesellschaftliche Strukturen geht, dann verblassen die Möglichkeiten Einzelner angesichts der systematisch angelegten Strukturen und Institutionen. Hier müssen wir ansetzen.

Der moralische Fortschritt, den wir etwa am zunehmenden Erfolg der diversen Emanzipationsbewegungen sehen, beruht – so eine Interpretation von Axel Honneth ([*]1949) – in wesentlichen Teilen nicht auf einer Veränderung der moralischen Prinzipien. Er beruht vielmehr darauf, dass der gleichwertige moralische Status endlich auch jenen Mitgliedern der Gemeinschaft zugestanden wird, die vorher davon ausgeschlossen waren.[7] Wurden Respekt und Fairness in der Vergangenheit nur von bestimmten Eliten beansprucht, so sollen sie nun allen Menschen gleichermaßen zukommen. Wenn wir das wollen, dann muss sich das auch in unserem Umgang mit digitaler Technologie widerspiegeln.

Wie es die Beispiele beim Einsatz von *fraud detection systems,* aber auch von automatisierten Algorithmen bei der Kreditvergabe und bei der Bewerberauswahl für Arbeitsstellen oder Studienplätze zeigen – Fairness ist hier moralische Pflicht. Ohne jetzt auf technische Details einzugehen: Das Problem ist nicht trivial.

Es gibt eine ganze Reihe von Phasen im Prozess der Entwicklung eines selbstlernenden Algorithmus, in denen sich Unfairness einschleichen kann. Auch gibt es verschiedene Methoden, Unfairness zu vermindern, die sich teilweise aber gegenseitig ausschließen. Eine technische Lösung für einen wirklich fairen Algorithmus gibt es derzeit nicht und vielleicht ist sie unmöglich. Doch wir können unfaire Aspekte in Algorithmen vermindern – und darauf sollten wir uns zunächst konzentrieren. Doch das wird erstens ein Dauerthema bleiben und bedarf zweitens einiger moralischer Achtsamkeit und Urteilsfähigkeit (um nicht zu sagen »ethischer Kompetenz«).

Ich habe nun alle drei evolutionären Stufen von Moralität behandelt und bin auf Anwendungen in der digitalen Technologie eingegangen. Vor allem ging es mir um die Perspektive, die wir auf deren Gestaltung gewinnen können, wenn wir uns dabei vom Geist der Verbundenheit leiten lassen.

Abschluss: Digitale Ethik im Geist der Verbundenheit

Um gemeinschaftliche Kooperation auch bei der Gestaltung unserer digitalen Zukunft aufrechtzuerhalten, braucht es großes Vertrauen – und entsprechend vertrauenswürdiges Verhalten. Der Geist der Verbundenheit kann uns leiten, die moralischen Prinzipien zu achten, die dieses Vertrauen rechtfertigen. Dies hat viel damit zu tun, dass wir im Austausch von Gründen bleiben – nur so kann eine kollektive Moral freier Wesen funktionieren, indem diese sich selbst und miteinander an die moralischen Prinzipien binden.

Das gilt auch für Prozesse und Prinzipien in Organisationen. Nicht nur der Umgang mit Daten und Algorithmen, sondern auch Prozesse in Organisationen sollten so gestaltet sein, dass die Menschen ihrem Mitgefühl, ihrem Gefühl für Respekt und für Fairness folgen können. Organisationen sind gut beraten, den Geist der Verbundenheit zu kultivieren.

Ich hoffe, es ist klar geworden: Moral ist nicht etwas, das von »außen« in den Markt getragen werden müsste. Sie ist Teil des Marktes, seit eh und je.

Die Moral droht verletzt zu werden, absichtlich oder unabsichtlich, wo es technisch-abstrakt wird, wo Intransparenz und Verantwortungslosigkeit um sich greifen können. Das ist aber auch den guten Beziehungen zu Mitarbeitenden, Kundinnen und Kunden sowie Geschäftspartnerinnen und -partnern abträglich – und damit auch dem Geschäft. Das wissen vertrauenswürdige Unternehmer schon lange.

Natürlich hat der Geist der Verbundenheit auch positive ökonomische Effekte – bessere Zusammenarbeit, stärkere Teams, höhere Performance, höhere Zufriedenheit, stärkere Bindung und Loyalität, bessere Unternehmenskultur. Aber wie bei einer nützlichen Freundschaft ist der Nutzen ein Effekt, nicht der Sinn.

Der Verlust der Verbundenheit mit Menschen – innerhalb und außerhalb unserer Organisation – bedeutet auch einen schmerzlichen Verlust an Lebensqualität und Sinn. Umgekehrt kann uns der Geist der Verbundenheit auch durch Zeiten der tiefen Krise tragen. So wie Tausende Generationen vor uns. Angesichts der großen Herausforderungen unserer Zeit haben wir alle gemeinsam, aber auch jede und jeder Einzelne für sich, starke Gründe, diesen Geist der Verbundenheit zu leben.

Anmerkungen

1 Europäische Kommission, Behavioral study on unfair commercial practices in the digital environment: dark patterns and manipulative personalisation, Brüssel 2022.

2 Ebd., S. 20. Dt. Übersetzung des Autors. Engl. Original: »[...] practices in digital interfacest hat steer, deceive, coerce, or manipulate consumers into making choices that often are not in their best interests [...].«

3 Lucius Annaeus Seneca: Briefe an Lucilius, in: Ders., Philosophische Schriften, Bd. III, Hamburg 1993, S. 5.

4 Thomas M. Scanlon: What We Owe to Each Other, Cambridge 1998, S. 164 f.

5 Vgl. dazu die Darstellung in Antje Kutter, 2015: Ökonomisches Denken und ethisches Handeln. Ideengeschichtliche Aporien der Wirtschaftsethik, Wiesbaden 2015 oder auch die Einführung durch Horst Claus Recktenwald in: Adam Smith, Der Wohlstand der Nationen, München 1990, Seite XXXV.

6 Milton Friedman, Milton Friedman Responds, Interview, in: Chemtech, Februar 1974. Übersetzung mit DeepL.

7 Vgl. Axel Honneth, Kampf um Anerkennung: Zur moralischen Grammatik sozialer Konflikte, Frankfurt a. M., S. 256 ff.

BEYOND BUSINESS

Zeitgeist als Treiber von Transformation

Kirstine Fratz

Ein ambivalentes Phänomen

Viele kluge und gelehrte Menschen haben sich in der Vergangenheit der Aufgabe unterzogen, das Phänomen des Zeitgeistes zu ergründen. Ob Dichter oder Denker, Theologen oder Soziologen: Sie alle haben versucht, dieses »Gespenst« der Gesellschaft zu beschreiben, wobei sie größtenteils der Meinung waren, man müsse ihm mit Argwohn und Distanz begegnen.

Zeitgeist ruft zum Diskurs auf. Der Begriff kommt oft erst dann ins Spiel, wenn wir meinen, etwas in unserer Kultur laufe schief. Zeitgeist gerät dann zu einem Allgemeinplatz für alles, was in der Gesellschaft ungesund erscheint und was vom eigentlichen und vermeintlich richtigen Weg abweicht. Und wenn sich Politik und Wirtschaft den Zeitgeist aneignen oder ihm folgen, dann ist man leicht versucht, Johann Wolfgang von Goethe (1749–1832 beizupflichten, wenn er schreibt:

»Was ihr den Geist der Zeiten heißt,
Das ist im Grund der Herren eigner Geist,
In dem die Zeiten sich bespiegeln.«[1]

Damit wäre im Grunde schon alles über den Zeitgeist gesagt, wenn da nicht ein anderer großer Geist eine ganz andere Sicht auf weltliche Geister verkündet hätte. Hermann Hesse (1877–1962) sieht im diffusen geistlichen Wirken deutlich mehr Potenzial als Goethe, wenn er in seinem Gedicht *Stufen* schreibt:

»Wir sollen heiter Raum um Raum durchschreiten,
An keinem wie an einer Heimat hängen,
Der Weltgeist will nicht fesseln uns und engen,
Er will uns Stuf´ um Stufe heben, weiten.«[2]

Welcher der beiden Denker hat nun recht? Ist der Geist der Zeit/Welt ein Ärgernis des gesunden Menschenverstandes oder Schöpfer unserer kulturellen Evolution? Er ist beides! Wie jeder wirklich große Geist lässt sich auch der Zeitgeist nicht in ein Entweder-oder-Konzept einsperren. Geist ist ein Sowohl-als-auch-Phänomen.

Wie bekommt man nun aber diesen ambivalenten Geist in die Flasche der Wirtschaft hinein? Um das genauer zu verstehen, gilt es, tiefer in das Phänomen des Zeitgeistes einzusteigen. Dann erst offenbart dieser bislang unterschätzte Geist seinen umfassenden Nutzen für die Welt des Business.

Die zwei Phasen von Zeitgeist

Der Zeitgeist hat, wie das Wort anzeigt, einen zeitlichen Charakter. Er zeigt sich in der Zeit – und das zu unterschiedlichen Zeiten, bei denen wir eine Ermächtigungs-Phase von einer Positionsmacht-Phase unterscheiden können.

In der Positionsmacht-Phase spielen Zeitgeist und Macht zumeist sehr eng zusammen. Davon gibt es historisch und gegenwärtig zahlreiche anschauliche Beispiele. Jede Macht, die daran interessiert ist, ihren Einfluss auszuweiten und zu festigen, tut strategisch gut daran, Zeitgeist dafür zu nutzen. Social Media etwa nutzen den Zeitgeist, um Macht über unser Zeit- und Konsumverhalten auszuüben. Und Hass und Volksverhetzung nutzen dann ganz schnell die neue Infrastruktur, um wiederum ihren Machtanspruch durchzusetzen. Natürlich nutzen auch große Konzerne die Sogkraft von Zeitgeist für ihre Ziele und Zwecke, ebenso die Politik und andere Institutionen. Durch ihre Umsetzungsstärke kann sich der Zeitgeist schnell in der Gesellschaft ausbreiten. Dadurch wird er allgemein besser wahrnehmbar und lädt zum Diskurs ein. Damit einhergehend kann Zeitgeist aber auch zu einem Ärgernis werden, dem Menschen mit Misstrauen begegnen. Dabei lassen sie jedoch außer Acht, wie ein Zeitgeist einmal zur Welt gekommen ist: als leise Sehnsucht und aufkeimende Idee, der Welt etwas Neues hinzuzufügen.

Dieser Anfang ist die Ermächtigungs-Phase von Zeitgeist. In ihr stellt Zeitgeist bestehende kulturelle Vorstellungen und auch gerne die damit einhergehenden Machtstrukturen nach und nach infrage. Neue Perspektiven auf alte gesellschaftliche Gewissheiten und Gewohnheiten entstehen, und wir fangen an, mit diesen Perspektiven kulturell zu experimentieren: Dann bringen Menschen auf einmal ihre Kinder mit in die Uni-Vorlesung oder in den Bundestag, glauben an Kryptowährungen oder nehmen unter therapeutischer Anleitung LSD ein, um eine größere mentale Gesundheit zu erlangen.

Diese zunehmend kollektive Sehnsucht nach mehr mentaler und emotionaler Gesundheit ermächtigt derzeit nicht nur LSD zu einer neuen gesellschaftlichen Rolle, sondern verändert auch die Erwartungen an Unternehmenskulturen und Führungsstile, die sich zunehmend mit der Aufforderung konfrontiert sehen, die mentale Gesundheit der Mitarbeitenden zu fördern, anstatt das Gegenteil zu verursachen.

In einer Zeitgeist-Ermächtigungs-Phase entsteht also ein neuer Geist, unter dessen Einfluss neu bewertet und verhandelt wird, wie über bestimmte kulturelle Vorgaben gedacht und gefühlt bzw. wie auf deren Grundlage gehandelt wird.

Die sozialen Medien etwa haben anfänglich räumlich voneinander getrennte Menschen digital zusammengebracht und Kreativen aller Art einen Raum für Resonanz gegeben, der es ihnen erlaubte, die Positionsmacht von Plattenverträgen, Galerien und Modelagenturen zu umgehen. Dieser Ermächtigung haben wir tatsächlich nicht nur Shitstorms zu verdanken, sondern auch mehr Diversität in Kreativität und Körpernormen.

Mit fortschreitender Zeit entstehen in der Zeitgeist-Ermächtigungs-Phase feste kulturelle Strukturen, die nach und nach an Macht gewinnen. Langsam verkehrt sich dann der anfängliche Spirit in eine kulturelle Positionsmacht, der es leicht möglich ist, den Zeitgeist für ihre Machtzwecke zu missbrauchen. Die prominentesten Beispiele dafür sind bedenkliche politische Regime, fragwürdige Konzerninteressen und zunehmend dogmatisch werdende Institutionen.

Früher oder später scheitert aber jede Positionsmacht an nächsten ermächtigenden Zeitgeistern. Das kann wenige Jahre, aber auch Jahrzehnte oder Jahrhunderte dauern. Irgendwann schwindet immer der Glaube an die Macht, und ein neuer Glaube an eine neue Zeit erobert die sich wandelnde Kultur. Goethe und Hesse haben so gesehen also beide recht, nur zu unterschiedlichen Zeiten. Jeder von ihnen beleuchtet eine je andere Lebensphase des Zeitgeistes: Hesse die Jugend in Aufbruchstimmung und Goethe das Alter in Erstarrung.

Diese unterschiedlichen Phasen von Zeitgeist helfen uns, kulturelle Strukturen aufzubauen, und bewahren uns gleichzeitig davor, in ihnen zu ersticken. Für den Zeitgeist gibt es kein 1.000-jähriges Reich, keine gottgewollte monarchische Ordnung, deren Macht für immer legitimiert wäre. Für Zeitgeist gibt es auch keine ewigen Geschlechterrollen, Arbeitswelten, Essgewohnheiten oder andere wandlungsresistente Vorstellungen von einer richtigen Gesellschaft. Überhaupt ist Ewigkeit nicht sein Talent. Und eben diese Treulosigkeit wird Zeitgeist zum Vorwurf gemacht.

Was wäre aber, wenn Zeitgeist einer bestimmten Konstruktion von Kultur für immer die Treue halten würde? Um welche Entwicklungen, Erfahrungen und Erkenntnisse würden wir uns bringen? Wir würden verharren in sozialen und wirtschaftlichen Systemen und schmerzlich vermissen, was wir und die Welt noch alles hätten sein können.

Die neue Zeitgeist-Forschung

Die neue Zeitgeist-Forschung fokussiert sich auf Zeitgeist in seiner Ermächtigungs-Phase: nicht auf den Zerstörer lieb gewonnener Wirklichkeiten, sondern auf seine Fähigkeit, neue Wirklichkeiten zu erschaffen und damit kulturelle Entwicklungen zu fördern. Ihr geht es darum, das Zeitgeist-Potenzial für kulturelle Evolution freizulegen, es zu kultivieren und damit schöpferisch Zukunft zu gestalten.

Da es dafür bislang noch keine Referenzen von institutioneller Seite gibt, entwickelt die neue Zeitgeist-Forschung eigene Methoden und Modelle, um diese ermächtigende Dynamik abzubilden.

Die neue Zeitgeist-Forschung ist ambitioniert, den Zeitgeist mit einem umfassenderen Sinn auszustatten – als Ergänzung zum Trend- und Zukunftsdruck im Umfeld von Marketing und Unternehmensberatung. Dabei geht es um eine neue Denkfigur für konstruktive Zukunftsbilder mit dem Ziel, einen sinnvollen Fortgang unserer Kultur zu befördern.

Die Annahme, im Zeitgeist einen verdeckten umfassenderen Sinn zu finden, geht auf den deutschen Philosophen Georg Wilhelm Friedrich Hegel (1770–1830) zurück. Seine Denkfigur des Weltgeistes fungierte als Chiffre für einen heimlichen Plan in der Geschichte. Was der hegelsche Weltgeist und die neue Zeitgeist-Forschung gemeinsam haben, ist das Moment der Dynamik und der Faktor des unbewussten Mitwirkens der Zeitgenossen an einer kulturellen Vorwärtsbewegung.

Die Idee eines größeren Prinzips hinter der Zeitgeist-Dynamik wird innerhalb neuer gesellschaftlicher Kontexte erforscht und bezieht sich auch auf die Kulturschau von Quellen im Bereich Social Media, Streaming etc. Dabei kann man der Zeitgeist-Dynamik zuschauen, wie sie menschliche und gesellschaftliche Themen in eine Art Kulturproduktion hineinmanövriert. Zum Beispiel, dass sich in unseren Breiten die Mühsal der Arbeit mit der Idee einer Co-Working-Dauerparty verschmelzen lässt, was sich gegenwärtig im New-Work-Versprechen weiterentwickelt. Es gilt, die Gegenwart vernetzter, kursiver und dynamischer wahrzunehmen. Es geht um eine kulturevolutionäre Ideenschau und weniger um die Empirie, die gegenwärtig der Fokus von Zeitgeist-Betrachtungen ist.

Dieser Aufgabe widmen sich gegenwärtig meine Person sowie die Autorin Maike Oergel (*Zeitgeist – How Ideas Travel*, 2019) mit viel Intensität. Gestreift wird das Thema »Zeitgeist« natürlich in den unterschiedlichsten geistigen Disziplinen, allen voran in der Zukunftsforschung. Erst kürzlich hatte ich Kontakt mit einem Zukunftsforscher aus Gent, der weltweit auf der Suche nach belastbaren Methoden für Zeitgeist-Forschung war und bislang kaum etwas gefunden hatte.

Akademisch ist der Zeitgeist halt auch immer noch ein Stiefkind. Das liegt an seinem flüchtigen und diffusen Charakter, der sich nur schwer in die Vorgaben des wissenschaftlichen Arbeitens einfügen lässt. Wohl gab es in der Vergangenheit einen dokumentierten Versuch, dem Geist der Zeit universitäre Würde zu verleihen, doch auch dieser ist daran gescheitert, dass das Neue, das bislang Unvorstellbare sich nicht akademisch seriös fassen, geschweige denn berechnen lässt.

So versuchte der deutsche Gelehrte Hans-Joachim Schoeps (1909–1980) in den 1960er-Jahren an der Universität Erlangen, die Zeitgeist-Forschung als neue wissenschaftliche Disziplin einzuführen, indem er Geistesgeschichte als Zeitgeist-Forschung zu fassen suchte. »Geistesgeschichte =

Geschichte des Zeitgeistes« war seine Formel. 1973 stellte er sich in seinem Aufsatz *Was ist und was will die Geistesgeschichte?* der Tatsache, dass sich die Zeitgeist-Forschung als wissenschaftliche Disziplin aus den genannten Gründen nicht hat etablieren lassen.

Im selben Jahr veröffentlichte Professor Eugen Böhler (1893–1977) das Buch *Psychologie des Zeitgeistes* und beschrieb den Zeitgeist als zwangsläufigen, unbewussten Traum der Menschheit. Da der Zeitgeist zwar gefährlich, als Mythos aber unentbehrlich sei, lautet sein Fazit: Bislang bleibt der Zeitgeist der wissenschaftlichen Welt weiterhin suspekt.

Die neue Zeitgeist-Forschung vermutet in genau dieser vermeintlichen Unseriosität von Zeitgeist eine evolutionäre Intelligenz, die sich unseren Messungen entziehen muss, weil sie uns zu einem gegebenen Zeitpunkt mit dem bislang Unvorstellbaren bekannt macht – mit etwas, was sich die alte Kultur in ihren kühnsten Träumen nicht hätte vorstellen können. Wie hätte man beispielsweise den schwelenden gesellschaftlichen Transformationsprozess von Frauen vor 60 Jahren akademisch seriös bewerten können? Wo Frauen heute in der Gesellschaft stehen, wäre noch vor wenigen Jahrzehnten undenkbar gewesen – geschweige denn ein anerkannter Forschungsgegenstand. Und doch hatten sich dazu schon damals zahlreiche kleinere und größere Phänomene angekündigt. Deshalb beschäftigt sich die neue Zeitgeist-Forschung mit den vielen irritierenden und herausfordernden Phänomenen der Gegenwart, um brandneues, bislang unvorstellbares gesellschaftliches Entwicklungspotenzial nachgerade seismografisch zu erkennen.

Das ist der Weg zu mehr Kulturpositivität und ein Zeichen gegen den viel besungenen, ständig nahenden Untergang. Wie oft wurde der Menschheit schon das Ende prophezeit –

und wir sind immer noch da! Dank unserer Fähigkeit, alte Strukturen durch neue zu reformieren oder sie ganz zu ersetzen. Die neue Zeitgeist-Forschung weiß zwar auch nicht, was genau die Zukunft bringen wird, aber sie liefert vitale Ideen, wie man eine gute Zukunft gestalten könnte.

In meinem Studium der Kulturwissenschaften begann ich mich zu fragen, wie es sein kann, dass man in einer Ecke der Welt an heilige Kühe glaubt, in einer anderen an einen alten Mann im Himmel und es in einer weiteren Ecke ein religiöser Brauch war, seine erschlagenen Gegner aufzuessen. Ungeachtet der unterschiedlichen historischen Besonderheiten, beanspruchte und beansprucht jede dieser kulturellen Momentaufnahmen für sich, die Realität und das Richtige abzubilden. Aber wer hat recht? Sicher, wir haben Präferenzen, aber diese Frage nach der Wahrheit und der Richtigkeit lässt sich eigentlich unmöglich beantworten. Nehmen wir zu diesen multiplen Zugängen zur Realität auch noch den Faktor des stetigen Wandels hinzu, wird es unmöglich zu entscheiden, was das Richtige ist.

Ich bin daher zu dem Schluss gekommen, dass unsere Vorstellung von Realität und Richtigkeit immer nur temporär sein kann. Allein schon deshalb, weil es so viele Realitäten zur Auswahl gibt und wir als Menschen im Laufe der Zeit viel mehr als nur eine Realität erkunden und erleben wollen. Daher bekommt unsere gegenwärtige Idee von der Realität immer wieder Risse. Durch diese Risse scheint neues Potenzial von Wirklichkeit hindurch, um uns daran zu erinnern, was wir in unserer gegenwärtigen Realität vergessen, verdrängt oder bewusst ausgeschlossen haben. Diese Risse werden schließlich zu Einfallstoren für die Inspiration einer neuen Lebensqualität. Wir überwinden alte Gegensätze, integrieren vormals Unmögliches in unsere Kultur, entlarven leidvolle gesellschaftliche Ideale – und ein neues Zeitgeist-Versprechen vom gelingenden Leben entsteht.

Für eine Weile brauchen wir diese Reduktion von Wirklichkeit, damit unsere Kulturen, Gesellschaften und Wirtschaften funktionieren können. Dabei bauen wir unsere Gesellschaften aber immer nur in einer Ecke des ganzen Potenzials der Wirklichkeit und behaupten, das sei schon alles. In dieser Ecke können wir uns gut organisieren, mit Rechts- und Bildungssystemen, Arbeits- und Wirtschaftsstrukturen, Geschlechter- und Familienrollen und natürlich Glaubensgebäuden, die das Ganze zusammenhalten.

Doch irgendwann regt sich diese leise Sehnsucht in uns. Ein diffuses Gefühl, vielleicht ein kulturelles Unbehagen oder eine stumme Hoffnung, dass das hier nicht alles sein kann: dass etwas fehlt, dass da mehr sein muss, mehr Lebendigkeit, mehr Gerechtigkeit, mehr Erfahrung. Und das keimt alles in einer ganz anderen Ecke.

Dieses diffuse Gefühl markiert einen Riss in der Matrix. Es ist der Beginn einer Ahnung, dass die gegenwärtige Realität nicht die ganze Wirklichkeit sein kann. Wir geben diesem Riss dann zum Beispiel Ausdruck in den Medien, schreiben ein Buch oder eine Netflix-Serie, die den Riss zum Thema macht, und stoßen auf Resonanz. Allein deswegen, weil die kleine Ahnung eigentlich gar nicht so klein und individuell war, sondern schon einer kollektiv empfundenen Sehnsucht nach Veränderung entsprach.

Dann geschieht es, dass das herrschende System zunehmend seine Glaubwürdigkeit als verbindliche Realität verliert und der Bau von neuen kulturellen Heimaten beginnt. Dann erleben wir einen Martin Luther, einen Karl Marx, einen Summer of Love, eine Alice Schwarzer, eine Prinzessin Diana, die Digitalisierung, Patchworkfamilien, veganes Essen und New Work und alles, was da noch kommen wird. Unabhängig davon, welche Meinung man zu diesen kulturellen Ereignissen hat: Sie alle repräsentieren eine andere Wertsetzung, aus der neue gesellschaftliche Realitäten hervorgegangen sind. Mit ihren Denkanstößen befähigen sie die Entstehung von perspektivischen Innovationen, die uns immer wieder helfen, etablierte Realitätsecken zu überprüfen, um diese im Laufe der Zeit zu verlassen und zu verwandeln. Die verschiedenen Stationen von Rissen in der Matrix markieren neue Prozesse in der kulturellen Evolution. Jedes Thema wird auf diese Art und Weise in Bewegung gehalten. Diese Bewegung kann heilsam, inklusiv auf unsere Kultur wirken – und auch zerstörerisch, vernichtend. Der gedankliche Rettungsanker, der meine Forschung durch dieses kulturelle Wechselspiel zwischen Hoffnung und Tragödie trägt, ist die Frage, was auf lange Sicht unter dem Zeitgeist-Strich bleibt. Konnte der Gesellschaft durch den historischen Wahnsinn etwas perspektivisch Konstruktives hinzugefügt werden? Selbst wenn es »nur« vormalige Verhaltensstörungen sind, die an Akzeptanz gewonnen haben, wie zum Beispiel dass Männer emotionaler sein dürfen und fremdgehende Frauen ein anderes Verständnis entgegengebracht wird.

Ich nenne diese Phänomene das Wunder von Zeitgeist. Es geschieht immer dann, wenn zwei unterschiedliche Rangordnungen von Wirklichkeit unverhältnismäßig miteinander verknüpft werden. So geschehen in den Fällen »Männer und emotional« sowie »Frauen und fremdgehen«. Verknüpft man das Unmögliche mit dem Möglichen, entsteht eine neue Wirklichkeitsebene – und das ist eine immer wiederkehrende Hoffnung auf neue Fülle und Lebendigkeit.

Diese Eigenschaft macht Zeitgeist transkategorial. Das bedeutet, dass Zeitgeist eine bislang tragfähige kulturelle

Verfasstheit nicht einfach nur besser oder schlechter macht, sondern anders; und das kann auf längere Sicht unterm Strich besser sein.

Die Zeitgeist-Dynamik

Dieser Prozess vom Riss in der Matrix bis hin zu einer sich transformierenden Gesellschaft ist der zentrale Forschungsgegenstand der neuen Zeitgeist-Forschung. Um diese Risse überhaupt wahrzunehmen, gilt es erst einmal anzuerkennen, dass keine noch so gut gemeinte Vorstellung von der Realität Ewigkeitswert hat, weil sie eben immer nur einen Teil von Wirklichkeit abbildet, und das von Zeit zu Zeit.

Diese ständige Reduktion von Wirklichkeit motiviert unsere Sehnsucht: eine Sehnsucht, die uns nachts nicht schlafen lässt, die uns im Keller oder in Garagen basteln lässt, die uns merkwürdig traurig macht, wenn wir vermeintlich alles richtig gemacht haben, es sich aber einfach nicht richtig anfühlen will. Es ist diese Sehnsucht, die uns wagen lässt, Verwegenes zu denken und dann auch zu tun. Für unseren Geist ist es dann an der Zeit, neue Wirklichkeit zu erfahren, um uns von der herrschenden Realität zu erholen in allen Formen und Farben. An diesem Punkt beginnt die ermächtigende Zeitgeist-Dynamik.

Mit der Perspektive der Vernunft ist diese Dynamik kaum auszumachen, da sich die Vernunft oft nur auf den Vorstellungsrahmen der herrschenden oder vergangenen Realitäten bezieht und oft erst sehr viel später die Dynamik der Sehnsucht als wichtigen Impuls für kulturelle Evolution erkennt und anerkennt.

Die Zukunft beginnt mit Rissen in der Matrix. Diese lassen sich für aufmerksam Beobachtende an beliebigen

Phänomenen und Orten ausmachen. Ob ganz offensichtlich in der »Fridays for Future«-Bewegung, in der Zunahme von depressiven Kindern und in der Zufluchtsuche von Managern in Zenklöstern oder eher fein und leise in Form von gekritzelten Sprüchen an Toilettenwänden in Nachtclubs. Genau dort nimmt die Zeitgeist-Dynamik ihre Arbeit auf, und irgendwann kommt es uns selbstverständlich vor, dass man Kinder nicht mehr schlägt, territoriales Machtstreben nach Jahrhunderten der Toleranz nun als pathologisch empfunden wird und dass man nicht mehr bereit ist, die eigene Gesundheit sowohl physisch als auch psychisch der Erwerbsarbeit zu opfern. Das alles war einmal ein Riss in der Matrix und wurde dann zu »Zeitgeist at work«.

Entwicklungsgroßzügigkeit – das neue Mindset für Zeitgeist-Beobachtung

Wer nach neuem Zeitgeist in den Rissen der Matrix forscht, sollte bereit sein, sich nicht nur dem Unbekannten, sondern auch dem bislang Unvorstellbaren zu stellen, weil es nicht darum geht, was heute real ist, sondern was morgen Wirklichkeit werden will. Dafür braucht es ein Mindset, das ich »Entwicklungsgroßzügigkeit« nenne: eine mentale Fähigkeit und Haltung, die darum weiß, dass unsere Kultur sich in einem stetigen evolutionären Wandlungsprozess befindet – die darum weiß, dass solche Prozesse nicht geradlinig verlaufen. Zeitgeist im Frühstadium ähnelt einem noch jungen Fluss, der in Kurven dahinmäandert und ganz allmählich Fahrt aufnimmt. Erst in seiner Spätphase, wenn der Zeitgeist ein von Positionsmacht beherrschter allgemeiner Trend geworden ist, nimmt er den Charakter eines breiten, kanalisierten, schnurgeraden Stromes an. Seine Wendungen und vielleicht auch Wirrungen im Kindheitsstadium gilt es aufmerksam, geduldig, langmütig, ja geradezu liebevoll, sozusagen »mütterlich« zu beobachten und anzunehmen als das, was sie sind: erste Manifestationen einer Sehnsucht nach gesteigerter Lebendigkeit, nach erhöhter Lebensqualität, nach mehr Erfüllung in allen Lebensbereichen. Genau das meint »Entwicklungsgroßzügigkeit«.

Mit Entwicklungsgroßzügigkeit gibt es einfach viel mehr zu verstehen als zu verurteilen, und das allein macht schon Hoffnung auf die Zukunft. In der Entwicklungsgroßzügigkeit öffnen wir buchstäblich unseren Geist für das, was im Werden ist, ohne das Ergebnis bereits zu kennen, ja ohne das Ergebnis auch nur kennen zu können. Nur so lässt sich mit realistischem Optimismus auf eine Zukunft eingehen, die immer ganz anders kommt als geplant.

Kulturelle Evolution ist keine lineare Angelegenheit oder die Aufgabe von hegemonialen Mächten. Sie ist die Herausforderung an unseren kollektiven Geist, alte Gegensätze, gedachte Trennungen zu entflechten und wieder neu zu verbinden sowie vermeintliche Unmöglichkeiten eben doch für möglich zu halten. Ohne Zeitgeist kommen wir kaum auf die Idee, was als Nächstes zu tun ist, um vital weiter voranzukommen. Ohne Entwicklungsgroßzügigkeit können wir die dafür nötigen Risse in der Matrix nur schwer als Einladungen zum Herstellen neuer kultureller Balance wahrnehmen und würdigen.

Konservativ sein genügt nicht,
um Werte zu bewahren

Entwicklungsgroßzügigkeit walten zu lassen, ist paradoxerweise gerade für die viel zitierten Werte angezeigt, die es zu bewahren gilt. Was bislang eine eher konservative Verantwortung war, verhält sich in der Zeitgeist-Dynamik anders. Zeitgeist wendet sich nicht gegen Werte, sondern gegen die konservative Deutungshoheit über die Werte. Jede von uns erdachte und erbaute kulturelle Form gibt den großen Werten des Lebens wie Liebe, Glaube, Hoffnung, Ordnung oder Moral nur ein temporäres Zuhause. Wenn wir neue kulturelle Grenzen ausloten, werfen wir diese Werte nicht einfach über Bord. Ganz im Gegenteil, wir nehmen diese Werte mit auf unsere Sehnsuchtsreise und versuchen, sie mit neuem Leben zu füllen.

Allein wie oft wir schon die Liebe überdacht und überdichtet haben, ist phänomenal, und wir glauben immer noch an sie. Man bedenke, was unsere Vorstellung von Vernunft historisch schon alles durchgemacht hat und auch noch durchmachen wird.

Werte sind ein Gegenstand von Sehnsucht, daher müssen sie auf Wanderschaft gehen, damit sie ihren Anspruch, verbindlich zu sein, über die Zeit hinaus aufrechterhalten können. Werte sind uns nicht zuletzt auch deshalb so wichtig, weil sie uns versprechen, etwas Allumfassendes zu repräsentieren, etwas Großes, Heilsames, ja Ganzes. Für dieses Versprechen und die damit einhergehende Verantwortung können wir sie nicht in einer kulturellen Ecke ihr Dasein fristen lassen, sondern müssen sie Stück für Stück des Weges mitnehmen und ihnen neue kulturelle Heimaten bauen, damit wir weiter an sie glauben können. Mit der Zeitgeist-Perspektive kultiviert man das Vermögen, einen Kulturkampf nicht nur vom Zaun zu brechen, sondern ihn auch wieder beenden zu können.

Die Zeitgeist-Perspektive unternehmerisch kultivieren

Wer sich im Zeitgeist auf die Suche nach kollektiver Sehnsucht macht, findet einflussreiches Gestaltungspotenzial für kulturelle Evolution und unternehmerisches Handeln. Es geht nicht mehr nur um Trends, sondern auch und besonders darum, die evolutionäre Intelligenz in selbstorganisierenden kulturellen Prozessen zu entdecken und erfolgswirksam zu fördern. Wirtschaft und Unternehmen mit einer kultivierten Zeitgeist-Perspektive übernehmen somit eine neue gesellschaftliche Verantwortung, und sie treten in größeren, innovativen Sinnzusammenhängen auf. Das steigert bei den gegenwärtig eingeforderten Werten nicht nur die Arbeitgeberattraktivität, sondern sichert auch die langfristige Zukunftsfähigkeit jedes Unternehmens, gleich welcher Branche.

Zeitgeist erschafft neue Nachfrage, und Unternehmen kreieren dafür Angebote. Mit der Zeitgeist-Perspektive lassen sich wirkmächtige Projektziele und Geschäftsfelder identifizieren, die bislang noch wenig Konkurrenz haben. Ergänzend zum rein wirtschaftlichen Denken werden Markenstrategien, Kundenbeziehungen und Organisationsentwicklungen auch kulturell-evolutionär gedacht. Das führt zu einem neuen, höheren Level von Nachhaltigkeit und Leadership. Und das ist »far beyond business as usual«. Das macht die Zeitgeist-Unternehmer aus. Das ist Wirtschaft neu denken – und Wirtschaften neu gestalten.

Zeit für Spirit Maker*innen

Wer sind die Menschen, Frauen und Männer, die neue soziale und schöpferische Energie im Zeitgeist wahrnehmen und daraus kulturelle Heimaten für die kollektive Sehnsucht kreieren? Ich nenne sie *Spirit Maker*innen*. In Unternehmen aller Art finden sie sich in allen Funktionen, allen Abteilungen, auf allen Hierarchiestufen. Sie sind häufig unbequem, stellen Selbstverständlichkeiten infrage, tanzen aus der Reihe und ecken gelegentlich an. Sie zu übersehen oder gar zu übergehen, wäre ein sträfliches, weil folgenschweres Führungsversäumnis. Ein zeitgeistbewusstes und sensibles Management hat aktuelle und potenzielle Spirit Maker*innen auf dem Radarschirm, sucht und findet mit ihnen das Gespräch auf Augenhöhe. Führungspersonen, die das tun, werden so selbst zu Spirit Maker*innen. Durch Spirit Maker*innen entstehen wegweisende Produkte, Erfüllung verschaffende Dienstleistungen und gänzlich neue Ideen, wie wir arbeiten und zusammenarbeiten, leben wollen und schließlich auch leben werden. Spirit Maker*innen sind die Spielmacher*innen einer neuen Lebens- und Zeitqualität in Wirtschaft und Gesellschaft.

Spirit Maker*innen haben den Sinn und die Sinnlichkeit dafür, was im Werden ist. Sie bewerten wenig und staunen mehr darüber, was gerade irritiert und womöglich unvernünftig erscheint. Sie fühlen mit aufkommenden Sehnsüchten empathisch mit, und sie schauen mit Entwicklungsgroßzügigkeit auf evolutionäre Entwicklungen in Kultur und Gesellschaft. Spirit Maker*innen sind die eigentlichen Transformationsmanager in einem Unternehmen und bedürfen in Zukunft besonderer Aufmerksamkeit.

New Work, New Leadership und New Recruiting haben in der gegenwärtigen Zeitgeist-Dynamik besonders gute Chancen, Spirit Maker*innen zu identifizieren und erfolgswirksam im Unternehmen einzusetzen. Der Zeitgeist arbeitet zunehmend an Unternehmensstrukturen und -kulturen, in denen sich Spirit Maker*innen auch entfalten können. Dafür braucht es bislang unvorstellbare Freiheiten und einen echten Respekt für intuitive Intelligenz.

Ich kenne einen Spirit Maker, den setzt man einen halben Tag vor einen Getränkeautomaten am Berliner Hauptbahnhof, und dann weiß er, welche Limonade man erschaffen müsste, um den Markt aufzurollen. Seine Firma kann diese Fähigkeit nicht im Controlling unterbringen und merkt erst dann, wenn es zu spät ist, dass er recht hatte.

Der gegenwärtige Zeitgeist konfrontiert uns mit Innovationsfülle, Individualität, Diversität und Energiekrisen. Auf welche historische Referenz können wir uns beziehen oder an welchen durchschnittlichen Umfragewerten können wir uns festhalten, um die Zukunft unvorstellbar gut zu gestalten? Wir brauchen Spirit Maker*innen aller Art, die das Vermögen besitzen, hinter Zeit und Raum zu schauen, und uns davon zu erzählen, was als Nächstes dran ist, damit der neue Geist Einzug hält und es mit unser aller Lebendigkeit weitergeht.

Wer die Zeitgeist-Perspektive in der Wirtschaftswelt kultiviert, gibt Spirit Maker*innen eine neue, produktive Heimat und schafft damit einen schöpferischen Raum, in dem das Unvorstellbare auch im Unternehmen vorstellbar und eines Tages Wirklichkeit wird.

Zeitgeist at work for business – und für uns alle

Unsere Kultur biegt mit der nächsten Sehnsucht ab. Diese Erkenntnis erzählt eine neue Geschichte vom Entstehen und Erschaffen der Zukunft. Die neue Zeitgeist-Forschung und -Praxis ist eine Einladung, an dieser Geschichte mitzuschreiben. Das schafft ein neues Bewusstsein für evolutionär nachhaltiges Denken, experimentelle Kultur und agiles Unternehmertum. Geben wir diesem ständigen schöpferischen Vibrieren in unserer Kultur eine Stimme, um die anstehenden Change- und Transformationsprozesse mit vitalen Intensionen auszustatten.

Anmerkungen

1 Johann Wolfgang von Goethe, Faust. Erster und zweiter Teil (Erster Teil, Szene: Nacht, Faust zu Wagner), 16. Aufl., München 2016, S. 23.

2 Hermann Hesse, Gedicht *Stufen* (verfasst am 04.05.1941), in: Ders., Das Glasperlenspiel, Frankfurt a. M. 1972, S. 484.

WIRTSCHAFT NACHHALTIG DENKEN

Plädoyer für einen ökonomischen Paradigmenwechsel

Fritz Lietsch

*A*ls wir vor über 30 Jahren auszogen, eine neue Wirtschaft nicht nur zu propagieren, sondern auch konkret umzusetzen, wurden wir dafür belächelt. In unserem alternativen Branchenbuch stellten sich die Firmen vor, die anders, die alternativ wirtschaften wollten. Sie hatten sich Umweltschutz, neue Beteiligungsformen, faire Lieferbeziehungen und strenge Kontrollen auf die Fahnen geschrieben. Die Pioniere von damals sind heute erfolgreiche Unternehmen und Leuchttürme für den Wandel. Doch die Herausforderungen sind geblieben, ja sogar dramatisch gewachsen. Was es nun für die Wirtschaft braucht, ist ein Systemwechsel.

Essen, Trinken, Bekleidung, Kosmetik, Mobilität, Energie, Verpackungen, Papier, Software und Finanzen sind tägliche Begleiter des menschlichen Lebens. In allen Bereichen der Wirtschaft kann man dazu Dinge anders, besser machen. Denken Sie an Bio-Lebensmittel oder an eine Brauerei, die ihre Bauern über dem Marktpreis bezahlt. Denken Sie an Kleider aus Organic Cotton, Secondhand-Klamotten oder das Abendkleid zum Ausleihen, an pflanzliche Naturkosmetik, intelligente E-Mobilität, Solarenergie oder Recyclingpapier. An energiesparende Software, Produkte aus nachwachsenden Rohstoffen, energiesparende Häuser aus Holz, Mehrwegbecher, das Autoteilen, grüne Finanzprodukte, Steckersolaranlagen und vieles mehr. Findige Köpfe haben für viele Herausforderungen passende Lösungen gefunden.

Parallel dazu entstanden in den letzten 40 Jahren zahlreiche Initiativen und Organisationen, die ein anderes, nachhaltiges Wirtschaften forderten und zum Teil auch umsetzten, wie etwa der future e. V., der Bundesarbeitskreis Umweltbewusstes Management (BAUM) e. V. und der Bundesverband Nachhaltige Wirtschaft e. V.

Einem strengen Regelwerk unterwerfen sich bereits Unternehmen und Organisationen, die sich der Gemeinwohlökonomie oder als B Corp dem »Business for Good« verschrieben haben.

Weitere Zertifizierungssysteme, wie der Deutsche Nachhaltigkeitskodex, die Global Reporting Initiative oder Right Based on Targets, zeigen den Firmen bereits, wie erfolgreich ihr Nachhaltigkeits- und Klimaengagement ist. In vielen Branchen gibt es spezielle Initiativen und Organisationen, die an einer zukunftsgerechten Wirtschaftsweise arbeiten, das sind im Bereich »Nahrungsmittel« etwa Demeter, Bioland, Naturland und diverse andere. Im Bereich »Bauen« gehören dazu die Deutsche Gesellschaft für Nachhaltiges Bauen (DGNB), das Institut für Baubiologie oder das Institut für Corporate Governance in der deutschen Immobilienwirtschaft.

Doch wenige Pioniere einer grünen Wirtschaft können den globalen Wandel nicht bewerkstelligen, da sie den gleichen systemischen Zwängen aus Regulatorik, Preisdruck, internationalem Wettbewerb und Anlegerinteressen unterliegen wie die Unternehmen ohne eine solche Ausrichtung. Auch ist es vielfach leichter, sich ausschließlich dem Shareholder-Value und damit der Profitmaximierung zu verpflichten, als sich auch noch zusätzlich um das Gemeinwohl und eine intakte Umwelt zu kümmern. Und so sucht das Gros der Unternehmen noch immer nach den billigsten Ressourcen, den minimalsten Regulatorien und allen offenen Schlupflöchern, um maximale Gewinne zu erzielen. Dabei bleiben Umwelt und Moral oft auf der Strecke. Doch das größte Problem liegt tiefer: Systemisch bedingt unterliegt unsere Wirtschaft einer Wachstumsdynamik, die fatale Wirkungen hat.

The Limits of Growth

Dabei sollte es seit dem berühmten Bericht *The Limits of Growth (Die Grenzen des Wachstums)* des Club of Rome jeder und jedem klar sein, dass unsere Art des Wirtschaftens, des ungezügelten globalen Wachstums und Konsums fatale Wirkungen auf das Leben auf diesem Planeten hat. Der Bericht, der nach seinem Erscheinen im Jahre 1972 eine ganze Generation schockierte, wurde übrigens von einem Industriellen in Auftrag gegeben. Doch es folgten weder ein entsprechendes Umsteuern noch rechtliche Konsequenzen, und so zeigen sich die schon damals prognostizierten Folgen heute immer deutlicher: Plastikmüll in den Ozeanen, Raubbau von Ressourcen, Verwüstung von Böden, Dürren, Klimawandel, Migration und kriegerische Auseinandersetzungen. Im Laufe dieser Entwicklung begann immer mehr Verantwortungsträgern in Politik, Wirtschaft und Zivilgesellschaft zu dämmern, dass es höchste Zeit ist, umzusteuern und Antworten zu finden. Daraus entstand die Idee der Corporate Social Responsibility (CSR), in der Firmen freiwillig Verantwortung für People, Planet und Profit übernehmen sollen. Sie sind demnach nicht mehr nur den Shareholdern, also den Anteilseignern, sondern auch den Stakeholdern, also den Anspruchsgruppen in der Gesellschaft verpflichtet. Dazu zählen auch Stakeholder, die keine Stimme haben, zum Beispiel die nächste Generation oder die Natur. Daraus ergab sich auch eine Rechenschaftsverpflichtung von Unternehmen gegenüber der Gesellschaft, die sich in den Reportingvorgaben eines »Non-financial Reporting« niederschlagen. Der Erfolg eines Unternehmens sollte also nicht mehr nur in Finanzkennzahlen ermittelt, sondern auch anhand anderer, gesellschaftsrelevanter Kriterien abgebildet werden. Die Global Reporting Initiative hat hier Pionierarbeit geleistet. Die sich ändernde Rolle der Wirtschaft spiegelt sich auch in der Diskussion eines »Purpose« wider, mithilfe dessen Unternehmen ihre Daseinsberechtigung gegenüber der Gesellschaft herausstellen (*licence to operate*). Der ökonomische Erfolg allein soll damit zukünftig keine ausreichende Daseinsberechtigung mehr sein.

Die Macht
der Konsumenten

Geld regiert die Welt, und viele Konsumenten machten die Übernahme von Verantwortung zum Kaufkriterium. Davon profitierten die echten Pioniere des nachhaltigen, verantwortungsbewussten Wirtschaftens. In der Folge bemühten sich auch konventionelle Firmen um ein mehr oder weniger grünes Image. Das führte an vielen Stellen zu Greenwashing statt zu echtem, verantwortungsbewusstem Handeln, und so sah sich der Gesetzgeber zu einschneidenden Schritten veranlasst.

Nachdem bei der Weltklimakonferenz 2015 in Paris unter großem Jubel das 1,5-Grad-Ziel verabschiedet wurde, verkündete die EU den Green Deal (Wohlstand, Umweltverträglichkeit und soziale Nachhaltigkeit), die Finanzbranche legte Prinzipien für Responsible Investments (PRI) vor und die UN verabschiedeten den Global Compact und die Sustainable Development Goals (SDGs). Mittlerweile sind die großen Player in der Wirtschaft zur nicht finanziellen Berichterstattung verpflichtet, und entsprechende Vorgaben werden auf immer kleinere Firmen ausgedehnt. Das deutsche Lieferkettensorgfaltspflichtengesetz weitet den Grad der Verantwortung nun auch auf die Liefer- und Wertschöpfungsketten aus, und es zeichnet sich ab, dass wir an der Schwelle zu einer zirkulären Wirtschaft mit zahlreichen Restriktionen in Bezug auf den Ressourcenkreislauf stehen.

Welche Konzepte der Unternehmensverantwortung greifen?

Alle Konzepte beschäftigen sich mit grundlegenden Fragen der Verantwortung von Unternehmen gegenüber Umwelt und Gesellschaft – heute und für die Zukunft. Der Begriff »CSR« ist stärker mit dem Unternehmenshandeln verknüpft und hatte in seinen Ursprüngen eine moralische Konnotation. Der Begriff der Nachhaltigkeit kommt aus der Naturwissenschaft und den Erkenntnissen, dass unsere natürlichen planetaren Ressourcen begrenzt sind. Seit Jahren wird auch an ESG-Kriterien (ESG = Environment, Social, Governance) gearbeitet, und mit einer Richtlinie vom Januar 2023 hebt die EU die ESG-Berichtspflichten von Unternehmen auf eine neue Ebene. ESG, also Nachhaltigkeit mit Blick auf die Themen »Umwelt«, »Soziales« und »Führung«, dient ab jetzt vor allem der Finanzwirtschaft als Steuerungsinstrument für nachhaltige Investitionen und wird damit zu einem scharfen Schwert. Denn die Einhaltung der ESG-Kriterien wird zur Voraussetzung für die Beschaffung von Kapital und Krediten. Wenn es plötzlich kein Geld mehr gibt, wachen die Unternehmen auf.

Diese neuen ESG-Berichtspflichten (Standards, Taxonomie etc.) sind sehr umfangreich und umfassen mehrere Hundert Seiten. Geregelt werden allgemeine und spezielle Offenlegungspflichten für das E, das S und das G. Wie wirken Unternehmensaktivitäten auf das Klima, die Umweltverschmutzung, das Wasser, die Biodiversität, die Kreislaufwirtschaft? Wie wirken sie auf Mitarbeitende (eigene und entlang der Wertschöpfungskette), auf die Gemeinschaft, auf Kunden und Nutzer? Wie stellt sich die Unternehmensführung zu diesen Themen auf? Derzeit werden diese allgemeinen und speziellen Offenlegungspflichten von der EU um branchenspezifische Regeln ergänzt. Aktuell wird von 41 Branchen ausgegangen.

Wollen statt Müssen, Chancen statt Pflichten

Diese neuen Berichtspflichten zur Nachhaltigkeit können als »Bürokratiemonster« empfunden werden. Eine häufig gehörte Reaktion: Lass uns diese Pflicht irgendwie erfüllen. Das Müssen steht dann im Vordergrund. Aber Müssen führt zu Schwarmdummheit, nur Wollen führt zu Schwarmintelligenz. Unternehmen sollten den neuen Berichtspflichten zur Nachhaltigkeit deshalb mit einem *Wollen* begegnen, denn diese Pflichten sind intelligent konzipiert. Sie adressieren nämlich – und das ist neu – auch und gerade die Chancen, die mit nachhaltigem Wirtschaften verbunden sind.

Obwohl rechtlich wohl nur ca. 15.000 Unternehmen in Deutschland zum »Nachhaltigkeits-Chancenmanagement« verpflichtet sind, werden (z. B. aufgrund der entsprechenden Vorgaben für Banken bei der Kreditvergabe) faktisch fast alle Unternehmen diese Chancen adressieren – Wollen statt Müssen!

Die Adressierung der Chancen folgt, vereinfacht, folgendem Schema: Welche Chancen sind mit der auf Nachhaltigkeit ausgerichteten Strategie und Organisation des Unternehmens verbunden? Welche Ziele und Messgrößen sind für diese Chancen hinterlegt? Welche Prozesse und Aktivitäten hat das Unternehmen aufgesetzt, um diese Chancenziele (messbar) zu erreichen?

Das alles klingt sehr positiv und zielführend. Das E in ESG steht dafür, dass Unternehmen sich zukünftig vorbildlich gegenüber der Umwelt verhalten, das S sorgt für Fairness, Mitbestimmung und Diversität entlang der gesamten Lieferkette und das G für eine Verantwortungsübernahme, die sogar weit über das hinausgeht, was die Gesetzgebung verlangt. Und es wird noch besser: Mit den Schlagwörtern »CDR« (Corporate Digital Responsibility) oder »CPR« (Corporate Political Responsibility) sollen Unternehmen noch mehr Verantwortung und Engagement für eine bessere Welt übernehmen.

»Gefahr erkannt, Gefahr gebannt«, möchte man also meinen und sich entspannt zurücklegen. Doch es steht zu befürchten, dass sich die »neue Wirtschaft« nicht schnell genug entwickelt.

Gemeinwohl muss gefördert werden

Das Konzept der Gemeinwohlökonomie geht deshalb noch einen Schritt weiter: Es misst das konkrete Engagement von Unternehmen auch für das Gemeinwohl und fordert zur Verstärkung dieses Engagements steuerliche Regelungen nach der Formel: Je besser sich das Unternehmen für das Gemeinwohl einsetzt, desto weniger Belastung durch Steuern soll es erfahren. Damit würde den Vorreiterunternehmen endlich auch eine finanzielle Unterstützung für ihre Vorbildrolle und für ihren Einsatz zukommen und der Prozess des Wandels würde sich drastisch beschleunigen. Denn: Produkte, die schlecht für das Gemeinwohl bzw. nach ESG-Kriterien mangelhaft sind, würden sich damit automatisch verteuern.

Dies zeigt, dass es echte systemische Veränderungen und ein neues Leadership braucht, wenn sich Wirtschaft und

Gesellschaft nachhaltig verändern sollen. Und spätestens hier kommen die Themen »Geldwirtschaft« und »Finanzwesen« ins Spiel.

Der finanzpolitische Aspekt der Nachhaltigkeit

Denn eines darf man in der Debatte um Nachhaltigkeit nicht vergessen: Sie hat einen entscheidenden finanzpolitischen Aspekt. Verfolgt man die gesellschaftlichen und umweltpolitischen Debatten mit all ihren Forderungen, könnte man meinen, dass das Problem unseres jetzigen Wirtschaftssystems einzig darin liegt, dass wir alle zu gierig sind. Banken und Konzerne wollen immer reicher und reicher werden, stacheln deshalb die Gesellschaft zu immer mehr Konsum an und beuten die Natur aus – dies ist das Bild, das kritische Menschen häufig von unserer Wirtschaft zeichnen. Aber so einfach ist es nicht. Es gilt zu verstehen, dass in unserem jetzigen Wirtschaftssystem Geld in Form von zinsbelasteten Krediten entsteht und in Umlauf kommt. Und sobald Geld in Form von Krediten in Umlauf kommt, liegt ein Wachstumsdruck auf der Wirtschaft. Der Staat will, dass die Gesamtwirtschaftsleistung mindestens so viel wächst, dass er über die höheren Steuereinnahmen, die damit einhergehen, auch die Zinsen für seine Staatsschulden bezahlen kann. Für kreditbelastete Unternehmen gilt das Gleiche im Kleinen. Sind Aktienkäufer die Kapitalgeber einer Firma, hat diese Firma zwar zinslos Geld erhalten, steht aber dennoch unter dem Druck, den Aktienbesitzern und damit Anteilseignern eine Rendite zu erwirtschaften. Die Wirtschaft muss also permanent wachsen, um die Zinsen und Renditeansprüche der Kapitalgeber bezahlen zu können.

Einfach weniger Kredite aufzunehmen, ist jedoch auch keine Lösung. Die meisten Menschen halten es für ein Ideal, dass Schulden, vor allem die öffentlichen, abgebaut werden. Als ob die wirtschaftlichen Probleme in der Verschuldung selbst lägen, die nur Ausdruck einer Art übermäßiger Gier sei, die eingedämmt werden müsse. In Wahrheit ist die Verschuldung in unserem System eine wirtschaftliche Notwendigkeit! Und das aus zweierlei Gründen:

Erstens für die Geldschöpfung im Allgemeinen: Geld entsteht in der Regel als Kredit und verschwindet wieder bei seiner Tilgung. Würden alle Kredite abbezahlt werden, würde dieses Geld aus der Bilanz gestrichen und es gäbe fast kein Geld mehr. Fast alles Vermögen ist also die noch nicht abbezahlte Schuld eines anderen – es konnte nur entstehen, weil sich jemand verschuldet hat. Wer Schulden abbaut, baut Vermögen ab. So sind auch in Deutschland genau parallel zu den exponentiell angewachsenen Vermögen die Schulden gestiegen – ein Bild, das sich weltweit zeigt.

Zweitens ist die Verschuldung eine Notwendigkeit, weil das bereits bestehende gesparte oder in die Spekulationswirtschaft abgeflossene Kapital Geldmangel erzeugt, der durch neues Kreditgeld ersetzt werden muss, mit dem die angebotenen Güter gekauft werden können. Da die gesparten Geldvermögen einiger weniger ständig anwachsen, müssen auch die Kredite ausgeweitet werden.

Die Armutsschere

Angesichts der überall sichtbaren, zunehmenden Verarmung machen wir uns vielleicht nur schwerlich eine Vorstellung von der Tatsache, dass es irgendwo anders viel zu viel ungenutztes Geld gibt. Und doch ist es so: Ab einer gewissen Summe vermehrt sich das angelegte Geld von selbst – die Reichsten werden immer reicher. So bauen sich ungeheure Vermögen auf, die nicht in den Konsum fließen. Da es in der realen Wirtschaft jedoch kaum noch Wachstumsmöglichkeiten gibt, drängt das Geld in spekulative Geschäfte. So ist heute paradoxerweise ein Zustand erreicht, in dem auf der einen Seite viel zu viel Geld da ist, das Anlagemöglichkeiten sucht, während auf der anderen Seite die Realwirtschaft gleichzeitig an Geldmangel erstickt, weil sie sich als Geldanlage für die Kapitalgeber kaum noch lohnt.

Solange also Geld als Kredit entsteht und solange Geld in großem Umfang gehortet wird oder in die Spekulation abfließt, brauchen wir in unserem System Schulden, um wieder Gelder in den Wirtschaftskreislauf zu holen. Die daraus resultierende immer höhere Verschuldung hat freilich dramatische Folgen und muss irgendwann zu einer Zahlungsunfähigkeit und einem Schuldenschnitt führen. Aber einseitig die Verschuldung abzubauen, ohne das System zu ändern, hätte noch schrecklichere Folgen: Die gesamte Wirtschaft käme wegen Geldmangels rasch zum Erliegen. Es gibt somit in unserem System nur die Alternative zwischen höherer Verschuldung oder Geldknappheit.

Das ist der Grund, warum etwa hierzulande seit Bestehen der Bundesrepublik die Verschuldung nicht abgebaut wurde – mit einer einzigen Ausnahme, dem Haushaltsjahr 2013. Danach stieg die Verschuldung wieder an. Auch dies ist ein weltweites Phänomen.

Mit dem Zwang zur Verschuldung geht denn auch der erwähnte Zwang zum Wirtschaftswachstum einher. Wächst die Wirtschaft nicht mehr, bleiben die Kreditnehmer auf ihren Zinslasten sitzen – Lasten, die der Staat über die Steuern und

Unternehmen über die Preise an die Allgemeinheit abgeben. »Nullwachstum« bedeutet also eine allgemeine Verarmung. Gewinner sind nur diejenigen, die mehr Zinsen und Renditen einnehmen, als sie über Preise und Steuern ausgeben.

In Deutschland ist die Aufregung für gewöhnlich schon groß, wenn die Wirtschaft »nur« um ein Prozent wächst. Doch prozentuales Wachstum ist immer exponentielles Wachstum, denn es baut sich ja immer auf dem Vorjahresniveau auf. Bei einem konstanten Wachstum von drei Prozent zum Beispiel verdoppelt sich die Ausgangsgröße bereits in rund 24 Jahren.

Nur im geistigen bzw. ideellen Sinne kann es ewiges Wachstum geben. Man kann sich unbegrenzt weiterbilden, kann die Lebensqualität immer weiter verbessern. Verfahrensabläufe können optimiert und die Technologie immer fortschrittlicher werden, was es uns ermöglicht, mit gleichbleibender oder immer weniger Leistung den Wohlstand zu erhöhen. Dies ist aber kein quantitatives Wachstum, sondern ein qualitatives. Nur die Zinsen und Renditen für die Kapitalgeber schaffen den künstlichen Zwang, dass die Wirtschaft im quantitativen Sinne immer weiter wachsen muss.

All das bedeutet, dass für eine echte Transformation unserer Wirtschaft und Gesellschaft ein reiner Paradigmenwechsel nicht ausreicht; dass es also nicht ausreicht, dass wir unser Denken und unseren Konsum ändern, so wichtig dies ist. Zu all dem muss eine Korrektur unseres Geld- und Wirtschaftssystems erfolgen.

Heute erfüllen Zinsen und Renditen die Funktion, dass das Geld in Umlauf bleibt; also die Funktion, dass die Geldbesitzer ihr übriges Kapital nicht horten, sondern wieder dem Wirtschaftskreislauf zuführen. Dadurch werden aber gerade diejenigen, die ohnehin so viel Geld übrighaben, dass sie es nicht brauchen, durch immer weitere Zinsen und Renditen belohnt und noch reicher, während die anderen ärmer werden. Dadurch gibt es den Zwang zur Verschuldung und zu stetigem Wirtschaftswachstum.

Was es deshalb braucht, ist ein Geldsystem, in dem das Geld nicht durch eine Belohnung der Reichen, sondern durch eine Art Hortungssteuer in Umlauf bleibt. Ausgearbeitete Konzepte und Erfolgsbeispiele gibt es dafür genug. Zusätzlich könnten große Konzerne vergesellschaftet werden, damit Wohl und Wehe Tausender Menschen und der Umwelt nicht privater Willkür unterliegen. Was mit einer solchen Korrektur ebenfalls zusammenhängt, ist der Aspekt der Entkoppelung von wirtschaftlicher und politischer Macht. Da wirtschaftliche Macht immer mit politischer Macht korreliert, ist es nicht verwunderlich, dass echte Reformen heute über das politische System kaum durchgesetzt werden können. Die heutige Vermögensungleichheit ist also allein schon in demokratischer Hinsicht unannehmbar. Ein neues Geldsystem ist somit nicht nur in finanzsystemischer, sondern auch in politischer Hinsicht eine Voraussetzung für ein echtes nachhaltiges Wirtschaftssystem.

DIE AUTORINNEN
UND AUTOREN

Susanne Hensel-Börner

(*1970) ist seit 2009 Professorin für Betriebswirtschaftslehre an der HSBA Hamburg School of Business Administration und leitet dort das *Department Marketing Transformation*. Sie forscht und publiziert zur Verknüpfung von Digitalisierung und Nachhaltigkeit und verantwortungsvollem Marketing. 2018 hat sie das bundesweit erste Studienprogramm initiiert, das die Themen »Digitalisierung« und »Nachhaltigkeit« curricular miteinander verknüpft und die 17 SDGs zum Leitbild hat. In diesem Zusammenhang leitet sie zahlreiche Forschungsprojekte zur interdisziplinären Zusammenarbeit, zum ökologischen Fußabdruck der Digitalisierung sowie zu Bildungsfragen in einer digitalisierten und nachhaltigen Welt. Ihre akademische Ausbildung führte sie an die Universitäten Stuttgart, Kiel und Jena, bevor sie Berufserfahrung in E-Commerce-Unternehmen und Marktforschungsinstituten sammelte.

www.hsba.de/ueber-uns/unsere-hochschule/team/professoren/ prof-dr-susanne-hensel-boerner

Dr. Christoph Quarch

(*1964) ist Philosoph und Bestsellerautor zahlreicher Bücher zu Themen aus Philosophie, Lebenskunst und Ethik. Er ist Denkbegleiter in Unternehmen, Professor an der Danube Private University in Krems a. d. Donau sowie Lehrbeauftragter an der Hochschule Fulda, der HSBA Hamburg School of Bussiness Administration und der Universität Basel. Für die Wochenzeitung DIE ZEIT veranstaltet er philosophische Reisen. Mit seinen Podcasts, Artikeln und der wöchentlichen Radiokolumne *Frühstücksquarch* im SWR erreicht er ein breites Publikum im ganzen deutschsprachigen Raum. Im Jahr 2019 gründete er mit seiner Frau Christine Teufel die Neue Platonische Akademie (www.akademie-3.org) zur Entwicklung eines geistigen Paradigmas für das digitale Zeitalter.

www.christophquarch.de

Dr. Krisha Kops

(*1986) ist Philosoph und Autor. Neben seiner philosophischen Tätigkeit an der Hochschule für Philosophie München engagiert er sich als philosophischer Praktiker, hält Vorträge, doziert und leitet philosophische Reisen. Seine Schwerpunkte sind interkulturelle und indische Philosophie, Phänomenologie, Kulturphilosophie, Identität/Selbst und Literatur. 2021 erschien *Bhagavadgītā — Philosophische Interpretationen im 20. Jahrhundert. Eine interkulturelle Verflechtungsgeschichte.* Sein 2022 veröffentlichter Debütroman *Das ewige Rauschen* erhielt mehrere Preise und wird in verschiedene Sprachen übersetzt.

www.krishakops.de

Kirstine Fratz

(*1973) ist Kulturwissenschaftlerin und gilt als Deutschlands führende Zeitgeist-Forscherin. Sie beschäftigt sich mit der einflussreichen Dynamik des Zeitgeistes und wie wir mit ihm eine vielversprechende Zukunft gestalten können. Sie berät namhafte Unternehmen und Institutionen wie Unilever, Gucci, Facebook, Audi und die katholische Kirche. Ihre Keynotes zu Zeitgeist-Themen finden internationalen Anklang. Sie ist als Dozentin an Hochschulen tätig, Aufsichtsratsmitglied bei der German Real Estate, Ehrenmitglied im Club europäischer Unternehmerinnen, TED-Speakerin und Autorin des Werkes *Das Buch vom Zeitgeist – Und wie er uns vorantreibt.* Kirstine Fratz veröffentlicht regelmäßig Zeitgeist-Perspektiven in renommierten Medien wie TUSH, dem Internationalen Wirtschaftssenat und dem Wall Street Journal.

www.zeitgeistforschung.com

Nicolas Dierks

(*1973) erkundet mit Neugier und Geist menschliche Themen im Zeitalter der digitalen Technologie – vor allem Ethik, die unsere digitale Welt im Innersten zusammenhält. Als Grenzgänger zwischen Philosophie, Wissenschaft und Wirtschaft lassen seine inspirierenden Vorträge das Publikum mit neuen Perspektiven und einem Schmunzeln zurück. An der Leuphana Universität Lüneburg ist er Leiter des Weiterbildungszertifikats Digitale Ethik. Als Autor von Sachbüchern wie dem SPIEGEL-Bestseller *Was tue ich hier eigentlich?* navigiert er geschickt durch komplexe Sachverhalte und nimmt die Lesenden mit Weitblick und Humor mit auf eine Reise zu den Grundfragen menschlicher Existenz. In seinem Podcast *smart aber fair* spricht er mit Gästen aus Wirtschaft, Wissenschaft und Zivilgesellschaft darüber, wie wir gemeinsam eine gute digitale Zukunft gestalten können.

www.nicolas-dierks.de

Fritz Lietsch

(*1957) ist Social Entrepreneur, Publizist, Consultant, Moderator und Referent zu den Themen im Bereich »Ökologie und Nachhaltigkeit«. Von 1980 bis 1985 studierte er Betriebswirtschaftslehre und Markt- und Werbepsychologie an der Ludwig-Maximilians-Universität München. 1984 gründete er als einer der Pioniere der Umweltbewegung die ALTOP Verlags- und Vertriebsgesellschaft für umweltfreundliche Produkte mbH in München, bei der er heute als Geschäftsführer tätig ist. 1986 erschien die erste Ausgabe des *Alternativen Branchenbuches,* einer umfassenden Marktübersicht ökologisch sinnvoller Produkte und Dienstleistungen. 1997 folgte der Aufbau des Internetportals www.eco-world.de, einem führenden Informationsanbieter für die Themen »Ökologie«, »Ökonomie« und »Nachhaltiges Wirtschaften«. Ab 1999 war Fritz Lietsch zudem Initiator und drei Jahre lang Leiter und Moderator der Sendung *Grünstreifen* auf Radio LORA. 2007 gründete er das Nachhaltigkeitsportal www.forum-csr.net in Kombination mit der Printausgabe *forum Nachhaltig Wirtschaften*, die er als Chefredakteur verantwortet.